教養として学んでおきたい 聖書

中村圭志

マイナビ新書

はじめに

本書は聖書にそれほど縁のない方に向けた、教養としての聖書について解説する新書です。

信仰の手引き書ではありません。著者自身、クリスチャンではありません。

本書の立場は、あくまで歴史的文献であり西洋文明の礎の書となっている一個の書物についての学問寄りの知識の提供にあります。

名高い本なので、試しに読んでみたいという人は多いのですが、なにせ小型版六法全書のようにページのかさばる本のこと、素手で挑もうと思っても、なかなか歯がたたないようです。

やはり簡便なガイドが必要でしょう。

また、聖書それ自体を読みたいわけではないが、どんな本か知っておきたいという人もいるはずです。

そういう人にも通読できる本が欲しい。
この二つの目的——聖書を読む際のガイドとなり、あるいは聖書を読まなくても理解できるガイド——を満足させる本として、本書は企画されました。

聖書は天地創造を描く「創世記」とか、ユダヤ民族の起源譚にあたる「出エジプト記」とか、救世主と呼ばれるイエスの生涯を描いた「福音書」とか、世の終わりの様子を幻想のように描いてみせる「黙示録」とか、複数の書の合成体です。

それぞれ書かれた時代も違うし、文章の調子も違います。

面白い部分もあるし、退屈な部分もあります。

ですから、ガイドブックとしては、

面白い箇所はどこか？

それぞれにはどんな歴史的文脈があるのか？

書かれているのは歴史なのか神話なのか？
その物語は宗教上どんな意味をもっているのか？
聖書は西洋文明にどのような影響を与えたのか？

についてざっくり書くのが親切というものでしょう。

このあたりを噛み砕いて書けば、日本人にあまり縁のないこの古代中東の宗教文書の「つまみ食い読書」も楽しいものになると思います。

聖書を道徳的なお説教の本だなどと構えずに、気楽にアプローチしてみてください。

本書で実際に聖書をサンプル的に読んでみるのは、第2章です。

第1章は聖書の構成と歴史の流れについての大雑把な紹介です。ここの部分はちょっと「勉強」っぽいのですが、細部にこだわらずにざっと読み流して、第2

章に進んでから、ところどころ前に戻って確認するという読み方で十分だと思います。

第3章では、聖書文化そのものを歴史の中に位置づけます。ここではまた、現代の欧米社会における聖書をめぐる先鋭的なトピック――聖書ファンダメンタリストや聖書を退ける無神論の立場など――を簡単に説明します。

さて、面白い読書体験となることを願いまして……

グッド・ラック！

中村圭志

教養として学んでおきたい聖書

目次

はじめに　3

序　章　裏切者ユダが福音書を書いた？

「ユダの福音書」の発掘　18
神とキリストが抱える潜在的な矛盾　20
二〇世紀にユダの株が上がる　24
聖書とはどんな本なのか？　26
「ユダの福音書」の種明かし　28

第1章　聖書とはどんな本か？

① 聖書のアウトライン　32
聖書＝旧約＋新約　32

旧新約聖書を構成する文書群 34
旧約は紀元前、新約は紀元後 37
旧約は実はユダヤ人の教典 39

② 古代イスラエル人と旧約聖書 43
アブラハムとモーセ 44
神話と史実 47
統一王国の繁栄 50
亡国と一神教の誕生 51
ユダヤ教徒の信仰生活 54

③ イエス・キリストと新約聖書 55
イエスの生涯 56
イエス復活の噂 58

新約聖書の編纂 61
ローマ帝国内に拡大 66
キリスト教の組織と行事 67
コラム コーランとお経 70
イスラム教とコーラン 70
仏教とお経 73
信者のほとんどは教典を読めなかった 74

第2章 聖書を読んでみよう

① 天地創造 78
② アダムとエバの失楽園 80
③ ノアの洪水 85

④アブラハムとイサク　88
⑤モーセと出エジプト　91
⑥一神教の誕生　94
⑦義人ヨブの苦難　97
⑧イエス降誕の予告　100
⑨貧者・病者・罪人の友　103
⑩罪の女の赦し　119
⑪最後の晩餐　122
⑫十字架と復活　126
⑬ペトロ、ユダ、マグダラのマリア　129
⑭パウロの中のキリスト　132
⑮最後の審判　135
コラム　聖書映画かんたんガイド　140

『天地創造』（ジョン・ヒューストン監督、一九六六年） 140
『十戒』（セシル・B・デミル監督、一九五六年） 141
『奇跡の丘』（ピエル・パオロ・パゾリーニ監督、一九六四年） 141
『偉大な生涯の物語』（ジョージ・スティーブンス監督、一九六五年） 142
『ジーザス・クライスト・スーパースター』（ノーマン・ジュイソン監督、一九七三年） 143
『最後の誘惑』（マーティン・スコセッシ監督、一九八八年） 143
『ナルニア国物語／第1章：ライオンと魔女』（アンドリュー・アダムソン監督、二〇〇五年） 144
『風の遺産』（スタンリー・クレイマー監督、一九六〇年） 145

第3章　聖書が世界を動かしている？

①聖書文化の広がり 148
ユダヤ人にとっての旧約聖書 148

クリスチャンにとっての聖書　150
啓示の大河ドラマ　151
近代以降の「キリスト教文化圏」の拡大　152
「東洋」文化と聖書文化　157

②宗教史の流れ——聖書以前から近現代まで　160
アニミズムと多神教　161
一神教の登場　163
一神教内部の矛盾と複雑性　165
多神教文明をどう評価するか？　168
近代化以降の宗教の後退　170

③ファンダメンタリズム——聖書を無謬と信じたい人々　172
教典の威厳　173

アメリカ史の中のファンダメンタリズム 174
スコープス裁判 176
活発化するファンダメンタリスト 178
生物進化論に対する誤解 181

④もはや欧米人は聖書を読まない？ 184
主流教会の威信の低下 184
スピリチュアリティとは何か？ 186
ニューエイジの系譜 188
無神論の台頭 189
無神論者の論点 191
近年の欧米人は聖書を読まない？ 195

⑤聖書の終末観に注目しよう 197

未来への上昇 197
映画『タイタニック』の中の終末 201
コラム キリスト教の死後の世界 204
死後よりも終末？ 204
煉獄説の発明 206
近現代の死生観 208
おわりに 211

序章

裏切者ユダが福音書を書いた？

「ユダの福音書」の発掘

一九七八年にエジプトのある洞窟で偶然発見された古代のパピルス文書が、盗掘屋や古美術商の間を転々とするうちにぼろぼろに崩れていきました。危ういところでなんとか学問的精査にこぎつけ、修復と解読の作業が終わったのは二〇〇六年のことでした。学者たちはこれが古代の文献にわずかな言及のある「**ユダの福音書**」の実物写本であることを見出しました。

「ユダの福音書」だって？

エイプリル・フールの冗談じゃないのか！

——という反応がどうしても出て来てしまうのは、ユダと福音書との結びつきがいかにもミスマッチだからです。

キリストの十二弟子の一人である**イスカリオテのユダ**は、師を**裏切る**ことで、キリストの**十字架上の死**という大事件を引き起こしました。「ユダ」が裏切者の代名詞であることは、キリスト教に縁の薄い日本でもよく知られています。裏切者の福音とはまさしく形容矛盾。「天使のような悪魔」みたいなものですね。

「ユダの福音書」という名前の本が古代にあったことは知られていました。それは異端として退けられた本で、今回見つかった「ユダの福音書」とそっくり同一かどうかは分かりません。

解読された写本では、裏切者とされるユダが、実はイエスの他の弟子たちよりも**いっそうイエスの真意を伝えていた**ということが書かれていました。ユダが裏切りを行なわなかったというのではありません。ただしそれは**イエスと示し合わせた秘儀の行為であった**……そんな設定で書かれています。

なんだか陰謀史めいていますね。うーん、本気にしていいものやら……？

神とキリストが抱える潜在的な矛盾

ここでちょっとテツガク的な話を……。

裏切者ユダという存在は、キリスト教のように神を**全知全能**とする宗教では、論理的にみて非常に問題の多いものでした。

なぜなら、キリストが神であるならユダが裏切ることなんて百も承知だったはずであり、そして裏切り事件が神の深淵な計画の中で起きたことならば、ユダはただこのシナリオに沿って行動しただけということになるからです。

哀れな傀儡《かいらい》にすぎないユダを責めてもしょうがない。そんなシナリオを書いた神様のほうが責任を負うべきではないのか？

理屈の上ではどうしてもそうなります。

伝統的にはユダはほとんど**悪魔**のように忌み嫌われていたのですが、実はこの悪魔という概念にも問題があります。

イエスにキスするユダ

ジョット作『ユダの接吻』、スクロヴェーニ教会堂、パドヴァ、14世紀

エルサレムの園にいるキリストにユダが近づき、キスをして、これが当人であることを官憲に知らせます。裏切者のキスというモチーフとして様々な文芸作品に影響を与えたシーンです。

これもユダの場合と同様に考えることができます。神が全知全能であるなら、悪魔の行なう悪も先刻ご承知のはずです。だとすれば、その悪を止めようとしない神にも悪意があることになります。他方、もし神が悪魔の行動をどうしても制御できないのだと考えるのであれば、神は全知全能ではないということになります。神は悪であるのか、全知全能ならざる存在であるのか——どちらに転んでも、神様の立場は形無しです。

ユダの問題も悪魔の問題も、要点は一緒、大ボスである神様の責任能力ということです。

そしてこの問題は、人間一般の**自由意志**の問題につながります。

神が全知全能なら、私の一挙手一投足は神に支配されているということになり、私自身に意志の自由がないということになります。そうだとすれば、たとえ私が何か悪いことを行なったとしても、神様は私を地獄に落とすことはできないのではないでしょうか。

神「お前は悪いことをした。地獄に墜ちよ！」
私「いえいえ、お父さんが全能である以上、私には選択肢がなかったのです！」
神「ええい、甘ったれたことを言うな！」
私「どうせ甘ったれですよー。そんな私に誰がしたの、お父さん!?」

そうやって考えてみると、ユダにも悪魔にも親しみがわきますね。堕天使ルシファーも裏切者ユダも、ロクデナシの私のオトモダチです！

ともあれ、ユダとか悪魔とか、神に逆らうような選択をする存在をどう考えるか、というところが、一神教信者にとっての思案のしどころなわけです。敬虔な信者も含めて、人間というものはいつだって神に逆らおうとする、というのが、キリスト教の人間観です。こうした「神に逆らう根性」のことを「**原罪**」と言います。

こういう緊張を抱えたまま二千年間信仰を続けてきたところが、キリスト教という伝統の懐の深さというか、面白みだと言うべきかもしれません。

二〇世紀にユダの株が上がる

ユダを最大の極悪人とする伝統的なユダ観には疑問点があったのですが、二〇世紀の文芸作品においては、ユダの株が急上昇します。ユダというのは実は悪い奴ではなく、むしろ傑出した人物だったのじゃないかという解釈が、小説や映画の中で繰り返し提出されるようになりました。

「ユダの福音書」の発掘よりもずっと前からです。

たとえば、一九七〇年代に評判をとった『**ジーザス・クライスト・スーパースター**』という舞台作品（および映画）はユダを実質的な主人公としており、彼を他の弟子たちよりも有能で責任感のある人間として描いています。ユダはスーパースターであるキリストの教団が次第に狂信化していくのを見て、破局が訪れる前に強制解散に持ち込もうと考え、当局にイエスの居場所を教えたのでした。

一九八〇年代にマーティン・スコセッシが監督した**『最後の誘惑』**では、ユダはイエスの相談役です。裏切りはイエスのビジョンに沿ってユダが引き受けたものです。この作品はイエスとマグダラのマリアという女性信者を結婚させてしまったことでも有名です（実はこれは一九五一年のニコス・カザンザキスの小説を原作としています。小説のほうもカトリック教会から禁書扱いにされています。『ジーザス・クライスト・スーパースター』と『最後の誘惑』については143ページをご覧ください）。

といった次第で、現代の先鋭的な文芸作品にはユダ贔屓になるものが多いんですね。ちょうどそんな頃合いに、ユダを優れた人物として描く古代文書「ユダの福音書」の現物が現われたということに、不思議な符合を感じる人もいるだろうと思います。

聖書とはどんな本なのか？

「ユダの福音書」という異端の書の紹介から始めてしまいましたが、ここで聖書とはどんな本なのか、ざっと確認しておきましょう。

・聖書は「**旧約聖書**」と「**新約聖書**」の二部からなる
・旧約聖書には唯一神がアダムとエバ以来人類を導いてきた様子が描かれている
・新約聖書には唯一神がイエス・キリストという姿で現われた様子が描かれている

旧約冒頭のアダムとエバの物語において、すでに罪とか悪とか、神に逆らうとかいったテーマが扱われています。

そして新約の立役者であるキリストのドラマは、人間の罪を神の子イエス・キリストが背負って**十字架**に掛かって犠牲死を遂げるとか、その神の子の十字架上の死を準備するために、ユダがキリストを敵どもに売り渡すとかといった内容を含んでいます。

聖書は、絶対存在である「神」が人間を造った当初から人間が神に離反し、神が人間に道を示したところ今度は人間が負担に耐え切れなくなってしまった、そこで神が人間キリストとなって出現、人間の罪をぜんぶ背負って十字架上に死んだという、壮大にして曲折の多い――霊妙な？――ロジックで描かれた書です。

これは一種の「罪のお祓い」の儀式の書ですが、ただしそれがほとんど一千年をかけて様々な著者が書き綴ったものの集合体であるというところに、特異な点があります。人間の集団的な無意識が神の物語を紡ぎ続け、奇妙な本を生み出したのです。

聖書とは**全知全能にして至善の絶対者「神」**というキャラクター設定で書かれた、**集団的な思考実験の書**だと要約できるでしょう。信者はこの設定を受け入れることで、自分自身の「人生観」のモード調整を図ることになっています。

近代社会をもたらした西洋文明は、宗教的にはキリスト教を奉じる文明です。聖書の頭の体操によって西洋人はだいぶ鍛えられました。今ではその信仰はだいぶ揺らいでいますが、教養レベルでは今もキリスト教は文明の根幹をなしています。そしてその典拠となる文書が聖書なんですね。

先に見たように、聖書の最も大事なセッティングである全知全能の神という概念は、悪魔や裏切者ユダの立場をどう解釈するかとか、人間に自由意志はあるかなど、数多くの難問を抱えています。

そしてこの難問が、伝統的に西洋の知識人たちをうんうんとうならせ、頭の体操として彼らの知的訓練に役立ってきたのであると。ただ単に「神様の有難い書」というだけではないんですね。知的な謎かけの書でもあるのです。

「ユダの福音書」の種明かし

最後に、「ユダの福音書」に関して種明かしの説明をします。

西暦二世紀に書かれたこの書の内容自体は、ユダとキリストに関する歴史的記録としてほぼ信憑性がないと歴史学者は考えています。ユダの史実を証言するような文献ではないのです。

新約聖書の正典に含まれなかった古代のキリスト教文書を**「新約聖書外典」**と呼びますが、「ユダの福音書」はそれに含まれます。

外典の中には、キリスト教の成長期にあちこちで流行していた**グノーシス主義**という宗教的思潮の影響を受けているものがかなりあります。グノーシス主義はキリスト教本体とは必ずしも関係のない独自の宗教運動であり、キリスト教や他の宗教の題材を用いて、かなり奔放な神話を展開することで知られています。また、ある種の陰謀史的な発想をもっています。「ユダの福音書」もそうした流れに属するものです。

だからユダが悪者だという主流教会の説を否定し、ユダこそがキリストの奥義を伝えているという設定になっていたとしても、それを史実と考えることはできません。

ともあれ、「ユダの福音書」は、古代においてキリスト教会は決して一枚岩ではなく、様々な立場が対立していたこと、その中にはユダを軸に主流派と完全に対立する立場もあったということを教えてくれているわけです。

聖書は様々な古代文書の複合体ですが、いずれの書も非常に複雑な経緯を経て成立しています。「隣人を愛しましょう」「敵をも愛しましょう」といったスイートな教えばかりで成り立っているのではなく、殺しだの戦争だの民族殲滅《せんめつ》だの、あくどい歴史の証言となっており、古代人の偏見や差別意識を肯定的に記述している箇所もあり、道徳の教科書としては使えないという意見ももっぱらです。

それだけに面白い　内容が深いのです。

第1章

聖書とはどんな本か？

① 聖書のアウトライン

聖書＝旧約＋新約

第1章では、聖書の書物としての構成や、聖書に書かれている内容と歴史との関係を整理します。まずは名前の説明から。

聖書はキリスト教の教典（聖典）です。英語ではBibleと呼びます。「書物」という意味のギリシャ語biblia（ビブリア）を語源としています。

聖書は**旧約**（旧約聖書）と**新約**（新約聖書）という二つの本の合本です。英語ではそれぞれOld TestamentおよびNew Testamentと言います。Testament（テスタメント）とは「契約」のこと。信仰というものを神との「契約」と考えてそう名付けたのです。

それで、キリスト教徒の見るところ、神との契約には新旧二本あって、旧《ふる》い方の契約がオールド・テスタメントすなわち「旧約」、新しい契約がニュー・テスタメントすなわち「新約」なのであると。

新旧の境目となっているのが、キリスト教の開祖、イエス・キリストです。紀元前四年頃に生まれ、紀元後三〇年頃に死んだと推定される人物です。

という次第で、クリスチャンは、自分たちの開祖を基準にして古代の宗教文書を新旧の二つに分け、合わせて教典としました。天の神様がキリストとなってお出ましになり、神と人との契約関係が更新された、という神話が背景にあることを押さえておきましょう。

旧約　Old Testament　　キリスト出現以前の「旧い契約」
新約　New Testament　　キリスト出現以後の「新しい契約」

旧新約聖書を構成する文書群

聖書が旧約と新約の合本であるように、旧約と新約のそれぞれも細かい文書群の寄せ集めです。旧約には三九の文書が入っており、新約には二七の文書が入っています。

36ページの表をご覧ください。旧新約聖書を構成する文書の一覧です。皆さんも耳にしたことのあるタイトルがちらほら見当たると思います。

たとえば、旧約の冒頭にある「**創世記**」。英語でGenesis（意味は「起源」）です。天地創造の神話を収めた書です。アダムとエバ（イヴ）が禁断の実を食べて楽園を追われた話とか、ノアが箱舟を造って洪水を生き延びた話とか、有名な神話がたくさん入っています。

他方、新約の巻頭にある四つの書はいずれも「**福音書**」と呼ばれます。「福音」とは「良い知らせ」を意味する漢語です。英語ではGospel（ゴスペル）。

古代英語の「良い《ゴード》・知らせ《スペル》」に由来する言葉です。あるいはEvangel（エヴァンジェル）とも言います。これはギリシャ語の「良い《エウ》・知らせ《アンゲリオン》」に由来します。「福音書」の中身は救世主とされるイエス・キリストの伝記です。古代のクリスチャンは救世主の到来をグッド・ニュースと考えてこんなタイトルをつけたんですね。

話は脱線しますが、庵野秀明氏のアニメ、『新世紀エヴァンゲリオン』の英語タイトルは*Neon Genesis Evangelion*となっています。これはギリシャ語で「新たな《ネオン》・創世《ゲネシス》・の・福音《エウアンゲリオン》」といったふうに解釈できます。話の内容はキリスト教とはまるで関係なく、エヴァンゲリオンも福音などでは全然なくて、主人公の碇シンジ君たちがパイロットとなる面妖なる人型兵器のこと。製作者が最初から「創世記」と「福音書」を足し合わせたタイトルにしようと思っていたのか、英訳者が気を利かせてこんな英語にしたのか、真相は知りません。

旧約聖書と新約聖書を構成する書

旧約聖書(39書)

「律法」	創世記、出エジプト記、レビ記、民数記、申命記
歴史的な内容	ヨシュア記、士師記、ルツ記、サムエル記上・下、列王記上・下、歴代誌上・下、エズラ記、ネヘミヤ記、エステル記
文学的な内容	ヨブ記、詩編、箴言、コヘレトの言葉、雅歌
預言書	イザヤ書、エレミヤ書、哀歌、エゼキエル書、ダニエル書、ホセア書、ヨエル書、アモス書、オバデヤ書、ヨナ書、ミカ書、ナホム書、ハバクク書、ゼファニア書、ハガイ書、ゼカリヤ書、マラキ書

新約聖書(27書)

イエスと使徒たち	マタイによる福音書、マルコによる福音書、ルカによる福音書、ヨハネによる福音書、使徒言行録
伝パウロの手紙	ローマの信徒への手紙、コリントの信徒への手紙ⅠⅡ、ガラテヤの信徒への手紙、エフェソスの信徒への手紙、フィリピの信徒への手紙、コロサイの信徒への手紙、テサロニケの信徒への手紙Ⅰ、テサロニケの信徒への手紙Ⅱ、テモテへの手紙ⅠⅡ、テトスへの手紙、フィレモンへの手紙（パウロの真正の手紙と認められているのは下線の7書)
その他	ヘブライ人への手紙、ヤコブの手紙、ペトロの手紙ⅠⅡ、ヨハネの手紙ⅠⅡⅢ、ユダの手紙、ヨハネの黙示録

旧約は紀元前、新約は紀元後

私の手持ちの聖書では、旧約は一四七八ページ、新約は四六七ページあります。辞書のような薄い紙に印刷していますが、たいへんな分量です（しかも二段組みです）。普通の本のように印刷したら、何十巻もの一大シリーズ本になって、本棚を大いに占領することでしょう。

旧約は新約の三倍の分量があります。旧約は紀元前に何百年もの間伝承されてきた諸文書の寄せ集めです。長い期間にわたる文書群ですので分量も多い。新約は紀元後の百年ほどの間に書かれた諸文書をセットにしたものです。期間が短いので文書の量も少なめです。

改めて先ほどの表を眺めてみましょう。

冒頭には「**創世記**」があります。天地創造のことが書かれているからといって、天地創造の昔からあった文書ではありません。あくまでも神話の書です。

「出エジプト記」から**「申命記」**までの四書は、古代の掟（戒律）をたくさん含んでいます。たとえば一週間に一日労働禁止の日（安息日）を設けるという掟が書かれています。

少し飛ばして**「イザヤ書」**には、この神が世界で唯一の神だという宣言があります。聖書は一神教の教典なんですね。また**「ヨブ記」**には、善人がひどい目にあうとはどういうことか神に訴えるという内容の物語が含まれています。正義の神がいるはずなのに、世の中が不正義に満ちているのは理不尽だと古代の人々も考えたということが分かります。

旧約聖書の後半には、いつの日か救世主が現われて世直しをするぞというビジョンが描かれるようになります。だから旧約は救世主キリストの出現を予言する有難い本だということになりました。

さて、新約の冒頭には、キリストの伝記である四種の**「福音書」**が収められています。四種あるのは、別々の派閥の人々がそれぞれに編集したんですね。次の

「使徒言行録」はキリストの弟子や孫弟子たちの活躍記です。

そのあと、**「ローマの信徒への手紙」**など手紙類が多数並んでいますが、そのうちのいくつかは、パウロという人物が各地の教会に宛てて書いた神学的な手紙です。それらはキリスト教神学の出発点になっています。

巻末に置かれた**「ヨハネの黙示録」**は、この世の終わりについての一種の予言書です。かなり幻想的な内容の本です。

という次第です。「創世記」の天地創造から「黙示録」の世界の終わりまで、SFのような宇宙史を描いた壮大なドラマが聖書だ、ということがお分かりいただけたかと思います。

旧約は実はユダヤ人の教典

さて、ここでもう一つ、重要なことに触れておかなければなりません。

実は、旧約聖書というのはもともとキリスト教とは別の宗教の教典だったのでした。

別の宗教というのは、**ユダヤ教**です。

ユダヤ教はユダヤ人の宗教です。ユダヤ人は紀元前からいる、たいへん古い民族です。紀元前千年という昔に**イスラエル**という国家をもっておりました。王様の名前としては**ダビデ**というのが有名です。フィレンツェのパラッツォ・ヴェッキオにはルネサンスの巨匠ミケランジェロが刻んだ青年ダビデの像がありますが、このダビデです（市の象徴となっていますが、現在ここにあるのはレプリカ）。

ダビデ王の頃については、民族名を「ユダヤ人 Jew」ではなく「**イスラエル人** Israelite」と呼ぶ習わしとなっています。この古代のイスラエル人が信じていた宗教が、今日呼ぶところのユダヤ教です。

そしてユダヤ教の教典が旧約聖書なのです。

イエスはユダヤ人であり、ユダヤの宗教家として活動しました。イエスの弟子たちは師をイスラエル人たちが待望していた救世主メシアだと信じました。このメシアを当時の共通語であるギリシャ語に訳するとクリストス（日本語風になまってキリスト）となります。イエスを救世主キリストと信じる信者の集まりは初めはユダヤ教の一派だったのですが、やがてユダヤ教本体から分かれて、独立の宗教、キリスト教となりました。

つまり、イエスをめぐって二つの信仰集団が分かれたのです。

イエスを救世主だと思わない人々↓（従来通り）ユダヤ教徒

イエスを救世主だと思う人々　↓（新興の一派である）キリスト教徒

イエスを救世主だと認めない主流派のユダヤ教徒は、それまで通り旧約聖書のみを教典としました。

他方、新興のキリスト教徒は、旧約聖書に加えて、自分たちの教典である新約聖書を教典としました。

ちなみに、ユダヤ教徒自身は自らの教典のことを「旧約」とは呼ばず、「**タナハ**「Tanach」」と呼んでいます。「旧約」という呼び名はキリスト教の慣行によるものです。

ユダヤ教徒の教典＝「タナハ「Tanach」（＝「旧約聖書」）

キリスト教徒の教典（「聖書 Bible」）＝「旧約聖書 Old Testament」＋「新約聖書 New Testament」

ユダヤ教からキリスト教が分かれ出たのは、今から二千年前のことです。古代の地中海沿岸を支配していたローマ帝国においてです。新興のキリスト教は二、三世紀かけてローマ帝国全体に広がり、他の宗教を押しのけて国教的な地位につきました。ユダヤ教は少数派となりました。

今日、キリスト教は公称で二〇億人を超える信者数を誇っています。ユダヤ人の数は全世界で一六〇〇万人ほどです。まったくマイノリティですが、それでも由緒ある民族であり、多大な影響力をもっています。

②古代イスラエル人と旧約聖書

旧約と新約の関係を説明したところで、改めて、旧約聖書の成立のいきさつについて解説します。すでに述べたように、旧約聖書――タナハ――はユダヤ人のご先祖様である古代イスラエル人の宗教文書です。

イスラエル人は**ヤハウェ**という砂漠の山の神を奉じていました。このヤハウェとイスラエル民族との関係を、神話、歴史的記録、戒律リスト、預言、詩、訓戒など種々のレトリックで記した多彩な文書群が、すなわち旧約聖書なのです。

以下では、古代イスラエル人がイメージしていた民族の歴史の流れに沿って、話を進めていきます（第2章で掘り下げている項目について①天地創造のように示しておきます）。

アブラハムとモーセ

旧約聖書の歴史観によれば、世界はヤハウェによって造られました。いわゆる天地創造です（①天地創造）。最初の人類は**アダム**と**エバ**（英語読みでイヴ）です（②アダムとエバの失楽園）。

アダムから数世代ののちに**ノアの洪水**があって（③ノアの洪水）、さらにいくつもの世代を下って**アブラハム**という人物が現われます。このアブラハムはイスラエル民族の**父祖**とされます（④アブラハムとイサク）。

ここまでが「**創世**記」に記された物語です。

アダムとエバ　──→　ノアの洪水　──→　父祖アブラハム

アブラハムよりさらに世代を下って**モーセ**の時代になります。この時代にはイスラエル人は**エジプト**で奴隷労働をしていたとされます。

モーセは神ヤハウェの命令を受けて、同胞の解放に尽力します。モーセに率いられてイスラエル民族はエジプトを脱出し、砂漠をぞろぞろ歩いて**カナン**の地に向かいます。カナンとは今日イスラエル国がある、いわゆるパレスチナのことです。このいきさつを記したのが「**出エジプト記**」です（⑤モーセと出エジプト）。

父祖アブラハム　──→　モーセと出エジプト

この民族大移動の最中、モーセはシナイ半島のある山において神からたくさんの戒律を受け取りました。それは奴隷状態を脱したイスラエル民族がこれから自前で共同体を運営していくための法律のようなものでした。

戒律の筆頭にくる、最も重要なものが「**モーセの十戒**」です。「汝、偶像崇拝するなかれ。汝、安息日を守れ。汝、父母を敬え。汝、殺すなかれ……」といった基本的な道徳、十箇条より成る基本的戒律です（法律で言えば憲法のようなもの）。

以上、古代イスラエルの民は「アブラハムの代で民族的繁栄を約束され、モーセの代で苦難から解放され、戒律を授かった」というふうに、自分たちと神との関係を解釈していたのです。こうした神の約束や戒律の全体が「神との契約」だということになります。

「出エジプト記」とそれに続く「レビ記」「民数記」「申命記」には戒律がたくさん書かれています。これに神話の書である「創世記」を合わせて「**モーセ五書**」と呼びます。モーセが神から啓示を受けて記した本だというんですね。

この「モーセ五書」の別名が「**律法**（トーラー）」です。律法すなわちモーセ五書はイスラエル人の基本教典となりました。後世さらに文書を付加し続け、結局、紀元前二世紀頃には、三九書からなる旧約聖書、タナハが出来上がっていたようです。

いささかややこしいですが、整理しておきましょう。

・旧約聖書（タナハ）の中核部分が律法（トーラー）である
・律法は「創世記」「出エジプト記」「レビ記」「民数記」「申命記」の五書からなり、「モーセ五書」とも呼ばれる。内容は神話と戒律リストである

神話と史実

さて、以上述べた出来事のうち、どこまでが神話でどこからが史実なのか、気になるところだろうと思います。

天地創造やアダムとエバ、ノアの洪水などは完全に神話です。古代中東の諸民族がもっていた様々な神話を材料に、アレンジしなおしたものだと考えられます。

アブラハムという人物はひょっとしたら実在したかもしれません。現在イラク国のあるあたりに生まれ、カナン方面に移住してきたとされます。聖書の記すところでは、アブラハムは一〇〇歳で息子イサクを得、一七五歳で没しました……。すごい長生きですね。日本でも古事記に描かれる幾人かの天皇はとんでもなく長生きです。神武天皇は一三七歳、崇神天皇は一六八歳なのだとか。いずこでも古代人はご先祖様を常人離れした存在として空想する傾向があったようです。

モーセの実在性もまたはっきりしません。出エジプトの出来事は史実ならば紀元前一三世紀頃ということになりますが、聖書の記述を文字通りに受け取ると、三〇〇万人近くがエジプトを離れ四〇年間砂漠を放浪したことになります。当時のエジプトの人口はせいぜい五〇〇万とかそんなものですから、さすがに荒唐無稽です。

出エジプトの出来事の核となるような事件はあったのかもしれませんが、そうだとしても、ごく少数の奴隷の逃亡事件にすぎなかったのではないかと言われています。その逃亡者の一群がもともとカナンに住んでいるイスラエル人たちに合流して、話に尾ひれがついて神話化されたのだろうと考えるのが妥当かもしれません。

結局、史実としては、おおよそ次のようであったと考えておけば間違いないでしょう。

・紀元前一三世紀前後、カナンの地にイスラエルを名乗る半遊牧民が出現した
・彼らは様々な出自の小部族の寄せ集めだった
・彼らはアブラハムを父祖と信じ、ヤハウェと呼ばれる神を奉じていた
・彼らはご先祖様たちが一時期エジプトに住んでいたという伝承をもっていた
・彼らは共同体をまとめる律法を、神から戴いたものとして権威づけた

統一王国の繁栄

さて、旧約聖書の「**ヨシュア記**」は、イスラエル民族がカナンの地を征服して一二の部族ごとに各地に定住した過程を描いたものです。**ヨシュア**はモーセの後を継ぐリーダーです。続く「**士師記**」も征服物語で、**士師**とは各種のシャマン（霊能者）的な指導者たちを意味します。

もし聖書の記述通りだとすると、イスラエル人は先住民族を追い出したり虐殺したりしてカナンの土地を手にしたということになります。それは事実なのかもしれませんが、具体的ないきさつについては、やはり伝説まじりで書かれています。

「**サムエル記**」は、イスラエルの部族連合が**統一王国**となる過程を記したものです。最初の王は**サウル**で、次に**ダビデ**が王になります。羊飼いの少年ダビデが異民族の大男ゴリアト（ゴリアテ）に石を投げつけて勝った物語は有名です。ミケランジェロの末端肥大症気味の青年像はこのときのダビデを彫ったものです。

後世、ダビデ王は名君だったということになり、イスラエル民族が周辺の大国に押されて没落していくにつれ、人々はダビデ王の再来を願うようになりました。いわゆる**メシア**と呼ばれる救世主の待望はこうした願望に由来するものです。

ダビデの次の**ソロモン**の時代には王国は経済的に繁栄しました。ソロモンは知恵者として後世に名を残しました。ソロモンはエルサレムの地にヤハウェの神殿を築きました。ソロモン王の記述は「**列王記**」にあります。

亡国と一神教の誕生

その後、イスラエルの栄華の時代は去りました。王国は南北に分裂しました。北は**イスラエル**、南は**ユダ**と名乗りました。そして北は現在のイラク北部に興ったアッシリアに滅ぼされます（前八世紀）。南はやはりイラク方面に興ったバビロニアに滅ぼされます（前六世紀）。

北の民は雲散霧消しましたが、南のユダ王国の民は、少なくとも一部がバビロニアに連行され、そこで民族として存続することができました。これを「**バビロニア捕囚**」と呼びます。

これ以降はイスラエル人ではなく**ユダヤ人**と呼ぶのが普通です。彼らは国家無き民となりました。そして国家ではなく、律法ないし聖書（旧約聖書）をアイデンティティのよすがとして生きるようになりました。つまり、律法にある戒律を厳格に守ることで民族としての輪郭を保とうと考えるようになったのです。

国家が南北に分かれた時代からバビロニアに捕囚された時代まで、**預言者**と呼ばれるシャマン的な人物たちが次々と現われ、王や民を叱責し続けました（36ページの表にあるたくさんの「預言書」は預言者たちの受けた「神の啓示」を記したものです）。

彼らの論理では、イスラエルの民はヤハウェ信仰を守らず、よその民族の豊穣神などに浮気して猥雑な儀礼を行なったりなどすることで、思想的に軟弱化したということになります。太古の遊牧民のように貧富の分け隔てなく暮らすのが理想であったのに、貧者や寡婦や孤児が泣く**格差社会**にしてしまった！　神に叱られてもしかたがない。イスラエル人が没落したのは、神からの**お仕置き**だったのだ……。

預言者が現代に現われたら、どんなふうに見えるでしょうか？　階級社会を批判するという点では左翼の運動家のようです。文化の純潔性を尊ぶという点では右翼の思想家のようです。神がかりして語っているという点では、カルトの教祖のようです。

預言者の目には、神**ヤハウェ**こそが真の神であり、諸国民をチェスの駒のように動かしてイスラエル人を懲らしめたというふうに映っていました。この信念によって**一神教**が誕生しました。この時代に編纂された預言書「**イザヤ書**」には、神が「私のほかに神はいない」と宣言したと書かれています（⑥一神教の誕生）。

亡国という現実が一神教という思想を生み出したのは興味深いことです。イスラエル人＝ユダヤ人は現実世界では負け組だったのですが、思想の世界では天地創造の唯一神と契約している特別なエリート――**選民**――だということになったのでした。

なお、民族的な苦境と失意は、個人の受ける苦難をめぐる文学的考察も生み出し、旧約聖書の内容を豊かなものにしています（⑦義人ヨブの苦難）。

ユダヤ教徒の信仰生活

バビロニア捕囚から解放されたのちも、ユダヤ人の多くが中東各地に分散して暮らし続けました。中東地域はギリシャのアレクサンドロス王に席巻されたり、その後ギリシャ人やローマ人の文化や政治に支配されるようになったのですが、ユダヤ人はあくまで聖書（律法）中心の暮らしに固執しました。

そして紀元後一世紀に、このユダヤ教から**キリスト教**が派生するのです。ユダヤ人の一部はキリスト教徒となり、主流派はそのままユダヤ教徒として存続しました。

これ以降、ユダヤ人は、**ラビ**と呼ばれる学者から律法を学び、旧約の知恵を日々の生活に役立てるという暮らし方を続けています。宗教的戒律の数が多く、年中行事が多いのもユダヤ教の特色です。ユダヤ教の礼拝施設は**シナゴーグ**と呼ばれています。

③イエス・キリストと新約聖書

すでに説明したように、キリスト教はユダヤ教から派生しました。今から二千年前の人物、イエス（**ナザレのイエス**）を**キリスト**（＝メシア＝救世主）と信じる人々が宗派のようなものを作ったのですが、やがてユダヤ人以外にもキリスト信仰が広まり、ユダヤ教本体から離れてキリスト教となりました。

イエスの生涯

イエスの生誕は紀元前四年と推定されています。母の名は**マリア**、いわゆる聖母マリアです。福音書の記述では、このマリアが処女のまま天の神の子を宿したことになっています（⑧イエス降誕の予告）。ですから人間の父はいないということになります。名目上の父（養父）の名は**ヨセフ**です。家業は木材加工業。イエスを「大工の子」と言うのはこれによります。

イエスが処女から生まれたというのは、後から作られた神話でしょう。古代には英雄が処女から生まれるという神話がよくありました。そのパターンです。

イエスの生まれた土地は、現在イスラエル国のあるパレスチナ地域の北部、ガリラヤ湖の近くの町、**ナザレ**だと思われます。だから「ナザレのイエス」と呼ばれたんですね。福音書の記述では、マリアとヨセフが何らかの理由でエルサレム近郊の**ベツレヘム**に行ったときにイエスが生まれたことになっています。当時、救世主はダビデの出生地ベツレヘムから生まれると噂されていたから、それに合わせた神話が生まれたのです。

生誕物語を除けば、福音書が記述しているのは、概ね十字架刑の三、四年前からの出来事のみです。イエスは極貧の民衆の間で暮らし、病気を癒したり、貧者こそが天国入りにふさわしいと説いたりしていました（⑨貧者・病者・罪人の友　⑩罪の女の赦し）。

イエスは**ファリサイ派**と呼ばれる宗教的知識人や、エルサレムの**神殿祭司**たちには批判的でした。こうした宗教的指導層の暮らしぶりが偽善に満ちているといって糾弾する様子が福音書に描かれています。貧者や弟子たちはイエスを世直しの救世主と考えました。当然のことながら、体制側は警戒しました。この後にくる破局を予見しているイエスは、弟子たちと**最後の晩餐**をとりました（⑪最後の晩餐）。

イエスは**逮捕**され、宗教裁判で有罪となりました。そのあと、当時この地を支配していた**ローマ人の総督**（名前はピラト）のもとに送られ、そこで民族独立運動の首謀者として死刑を宣告されました。イエスは十字架に掛けられて、紀元後三〇年頃に息絶えました。十字架というのは、反逆者を張り付け野ざらしにして死を待つという、ローマ帝国で採用していた拷問具です（⑫十字架と復活　⑬ペトロ、ユダ、マグダラのマリア）。

イエス復活の噂

イエスの死後、信者たちの間に「イエスは**復活**した！」という噂が広がりました。これはもちろん、願望から生まれた神話です。いや、神話と意識して噂を流したというのではなく、本気で信じていたのでしょう。

キリスト磔刑

ジョット作『キリスト磔刑』、スクロヴェーニ教会堂、パドヴァ、14世紀

磔刑にされたキリストの足にすがりついているのはマグダラのマリア。左では嘆く聖母マリアを弟子たちが支えています。右にはローマの兵士たちがいて、キリストの衣服の取り合いをしています。十字架の下の地面の中にアダムの頭蓋骨があります。キリストの犠牲によってアダム以来の原罪から人類が救済されることを暗示しています。

イエスは死後三日目に墓場で蘇り、弟子たちの間に幾度か姿を見せ、やがて天に昇っていったとされました。かくして弟子たちの活動が再開され、いったん潰《つい》えたと見えたイエス信仰が再び燃え上がりました。

その際、救世主のイメージが変更されました。

本来の**メシア**あるいは**キリスト**のイメージは、神から遣わされた一種のスーパーマンです。超能力を発揮して世の不正を正し、終末的ユートピアを招くのがその任務です。イエスの弟子たちは、師がそういう奇跡を起こすものと期待していました。

しかし、イエスは殺されました。ユートピア革命は起きませんでした。現実は厳しかったのです。そこで人々は、イエスがやがて再び世に現われて、そのときにこそ本当に世を裁いてくれるのだと考えるようにしました。

では、なぜイエスがいったん死んだのかというと、それは犠牲として神に捧げられることで、人々の罪をお祓い（**贖罪**《しょくざい》）してくれたというのです。ですから人々はイエスに感謝して忠誠を誓い（この忠誠を**信仰**と呼びます）、イエスにならって隣人への**愛**とチャリティに励まなければなりません。

そうやって愛に生きた者は、本当の世の**終末**にイエスが**再臨**したとき、イエスの**審判**に合格して**天国**に行けるでしょう（さもなくば地獄行きです）。

少しややこしいですが、救世主のイメージはこのように変形したのです。

新約聖書の編纂

キリストの死後、弟子たちが布教を続ける中、**パウロ**という人物がイエス信仰に改宗します（改宗前はサウルという名前）。

彼は最初、死罪にあった救世主が復活したなどという世迷い言を流していることの「新興宗教」が許せず迫害にいそしんでいたのですが、あるとき劇的に**回心**しまして――キリストの声を聞いたとされます――その後は信仰擁護の組織者として活動し始めます。

パウロは現在のトルコやギリシャの各地の信者たちに熱烈な手紙を書きました（五〇年代）。それが新約聖書の中ほどを占める一群のパウロ書簡です。真正なものと確認されているのは「**ローマの信徒への手紙**」「**コリントの信徒への手紙Ⅰ**」「**コリントの信徒への手紙Ⅱ**」「**ガラテヤの信徒への手紙**」など七通です（36ページの表参照）。

これらの手紙の中で、パウロは、キリストの贖罪の意味、復活の意味などを詳しく説いています。彼のこの神学が基調となることで、キリスト教は独立した宗教としての目鼻がつきました。組織としてのキリスト教の開祖はむしろパウロだとの声もあるほどです（⑭パウロの中のキリスト）。パウロは迫害にあって殉教したと考えられています。

さて、パウロはキリストの死の有難みをしきりに説いたのですが、信者たちにとって困ったことに、生前のイエスの姿がはっきりしない――噂ばかりで実態が見えてこない――という状態が続いていました。生前のイエスをこの目で見たという人間はそんなにいなかったんですね。

やがてこの声に応えるようにして、福音書つまりイエスの伝記が書かれることになります。七〇年代の初めに**「マルコによる福音書」**が出現し、それまで断片的にしか伝わっていなかったイエスの生前の様子が一個のストーリーとして分かるようになりました。

これは死後四〇年もたってから書かれた伝記ですから、細部は怪しいはずです。福音書の中でイエスは病気治しの奇跡をたくさん行なっていますが、神話と考えていいでしょう。

そして八〇年代になり、「マルコ」の内容に不満のある人々が、それぞれ独自にこの福音書の内容に手を加え、他の伝承資料を補って新たな福音書――**「マタイによる福音書」「ルカによる福音書」**――を編纂しました。「マルコ」「マタイ」「ルカ」の三書の内容が似ているのは、「マルコ」と「マタイ」「ルカ」が相互にコピペの関係にあるからです。
「ルカ」の編集者はイエス死後の弟子たちの活動を記した「**使徒言行録**」も著しました。

さらに九〇年代になり、まったく別の資料をまったく別の思想をもって編集した「**ヨハネによる福音書**」が出現しました。これは他の三書に比べてはるかに思弁性の強い福音書です。イエスは非常に雄弁で、詩のような神話のような説教を長々と講じています（なお「マルコ」「マタイ」「ルカ」「ヨハネ」は便宜的呼称であり、実際にどんな人物がそれぞれの書を書いたのかは不明です）。

さて、パウロの手紙や福音書など、キリストに関する信仰文書が次第に増えてゆき、やがてそれらをセットにして**新約聖書**という教典が生まれました。

標準的な新約聖書では、開祖の伝記である福音書を最初に並べ、パウロの手紙をそれより後に置いています（今述べたように、実際に成立した順序は逆です）。福音書群の、したがって新約全体の巻頭を飾るのは「マタイによる福音書」です。

文体が整っていて内容も充実しており、教会の権威づけにも好都合な書だったんですね。

パウロの手紙類の後には他の筆者による手紙類が並べられ、最後は世の終末を説く**「ヨハネの黙示録」**で締めにしています（このヨハネは福音書記者であるとの建前で語られていますが、虚構のようです）。「黙示録」は地震や戦争が続く世の終末を幻視した書とされますが⑮最後の審判）、書き手が具体的にイメージしていたのはローマ帝国の終末です。キリスト教徒を迫害する帝国への怨嗟《えんさ》の書なのですね。だから直接には何を書いているのか分からないように、様々な象徴表現を使って書いています。おどろおどろしい上に何を意味しているのか分からないというのが「黙示録」の魅力（？）となっています。

「黙示録」を読むと、キリスト教が愛の宗教であるばかりでなく、体制に対する民衆の怨嗟の宗教であることが分かります。

ローマ帝国内に拡大

地中海沿岸全域を版図におさめた**ローマ帝国**にはローマ人、ギリシャ人、シリア人、ユダヤ人、エジプト人など多様な民族が暮らしていました。彼らはそれぞれに異なる宗教をもっており、神々の数も無数にありました。しかし、ローマ帝国の成立によって一個のプチグローバル社会が生まれ、各民族が政治的独立を失うことで、それぞれの宗教の地位は次第にあやふやになっていきました。人々は信仰的に根無し草となり、先進文明地帯である地中海東方から各種の新宗教が生まれては流行するというような状態になりました。

そうした中で、排他的なまでに志操堅固な一神教である**ユダヤ教**は、他の宗教と交わらずに独立性を保ちました。ユダヤ教がたくさんの戒律や習慣を守るたいへん面倒くさい宗教であるのに対し、「律法の戒律を遵守すること」から「キリストを信仰すること」へと力点を移動した**キリスト教**は、重たい戒律抜きの、フットワークの軽い宗教になっていました。そしてこのキリスト教が、ローマの様々な民族の間に浸透し始めたのです。

最初は迫害もあったのですが、じきにメジャーな宗教に成長したキリスト教は、四世紀に晴れて帝国の**国教**となりました。

四～五世紀には、ユダヤ教伝来の天地創造の神（父）と、救世主であるキリスト（子）と、信者の間に働く聖霊の三者が「三つにして一つ」の神であるという霊妙な「**三位一体**」の説も採用され、キリスト教はひとまず完成します。

キリスト教の組織と行事

さて、お話は飛んで、今日のキリスト教の姿を整理しておきましょう。

長い歴史の中で宗派が分かれていったのですが、大きな枠として、**東方正教会**（ロシア正教会、ウクライナ正教会など）、**ローマカトリック教会**（南欧や中南米に広がる）、**プロテスタント**（英国、北欧、米国、豪州など）の三つを区別することが重要です。

それぞれの性格はというと……、東方正教会は古式に則った儀礼で知られ、保守的な性格をもっています。概ね国ごとに「～正教会」が組織されています。プーチン政権下のロシア正教会がＬＧＢＴの人権に反発するなど、保守性を示していることはニュースで知られています。

カトリックは**教皇**（ローマ法王）を中心とする中央集権的な組織で、かつては保守的でしたが、現在ではかなりリベラルになってきています。プロテスタントはカトリックの中央集権に反発して一六世紀に広がった教会独立運動に由来する諸教会で、様々な教派（**ルター派、長老派、英国国教会、メソジスト派、バプテスト派**など）を含み、超リベラルから超保守まで振り幅が激しいです（アメリカの超保守的かつ伝道に熱心なプロテスタント教会を「**福音派**」と呼びます）。

教会で信徒を指導する立場にある聖職者は、正教会とカトリックでは**司祭**（神父）です。プロテスタントでは、聖書を教える先生という性格の強い**牧師**が指導的立場にあります。

教会行事としては、日曜日ごとに行なわれるキリストを記念する儀礼が大事です。**聖餐式**と呼ばれますが、とくにカトリック教会では**ミサ**、正教会では**聖体礼儀**と呼んでいます。

年中行事としては、キリストの降誕を祝う**クリスマス**（一二月二五日）とキリストの復活を祝う**復活祭**（春分の後の最初の満月の次の日曜日）などがあります。

コーランとお経

聖書以外で有名な教典といえば、コーランとお経（仏典）です。これらはどんな書物なのでしょうか。

イスラム教とコーラン

七世紀に生まれた**イスラム教**は、聖書の影響を多大に受けています。教典はコーラン（アラビア語でクルアーン）ですが、聖書はコーラン読解の前提的知識となっています。

イスラム教の開祖は**ムハンマド**、七世紀の人物です。イスラム教の特徴は、旧約と新約で千年もかけて構築してきた一神教の思考や習慣を、ムハンマド一代で再構築した点にあります。開教のいきさつを簡潔にまとめますと、概ね次のようになります。

・ムハンマドの時代までアラブ諸部族は独自の**多神教**を奉じていた
・この社会は格差社会になりつつあり、社会正義の実現が求められていた
・あるとき**メッカ**の交易商人ムハンマドにユダヤ教やキリスト教と同じ神（アラビア語で**アッラー**）が啓示を下した
・内容は神の下の平等と弱者保護を基調とするものであった
・信者は啓示の言葉を記憶し、のちに**コーラン**として編集した
・アラブ諸部族は唯一神への帰依（アラビア語で**イスラーム**）の宗教を受容し、帰依者（**ムスリム**）となった

前述のように、聖書が千年ほどかけて編纂された種々の文書の合成体であるのに対し、コーランはムハンマド一代の書です。つまり成り立ちがシンプルで、内容が

コンパクトです。ただし、様々な機会になされた託宣を比較的無造作に並べていますので、イスラム学者の指導抜きには文意が読み取れない箇所も多いようです。

学者たちは数世紀かけてコーランや伝承を研究し、コーランの内容を日常生活の規範へと組み上げた法体系、**シャリーア**（イスラム法）を構築しました。イスラム教はユダヤ教と同様に、神の戒めの遵守を理想とする宗教です。法の遵守ではなく神の子への忠誠を基本とするキリスト教とは、この点で性格に違いがあります。

コーランにあれこれの言及があるので、イスラム教徒もまたアダムとエバ、ノア、アブラハム、モーセ、ダビデ、聖母マリア、イエスのことを知っています（イスラム教徒の解釈では、イエスは「神の子」でも「神」でもなく、一人の人間の預言者です。したがって、父と子と聖霊の三位一体の教理は、イスラム的にはナンセンスということになります）。

という次第で、コーランの宗教もまた歴史的な聖書文化の一支脈に属しています。「唯一神」「天使」「啓示」「預言者」「啓典（啓示された教典）」「終末」「審判」といった聖書的な概念をそのまま受け継いでいます。

仏教とお経

仏教のお経——経典、**仏典**——は、長大な仏教史の中で書き継がれた様々な権威ある書の集合体です。スリランカ、ミャンマー、タイなど南方の仏教ではパーリ語という古代インド語で書かれた**パーリ仏典**が、中国、韓国、日本など漢字文化圏では古代インド語から漢語に訳された**漢訳仏典**が標準的な仏典となっています。漢訳仏典でよく読まれているのが「**般若心経**」「**法華経**」「**阿弥陀経**」「**無量寿経**」「**涅槃経**」「**華厳経**」「**大日教**」などです。これらはいずれも釈迦の死後数百年経って書かれた書です。

インド生まれの仏教は、中東の一神教とはまったく異なる世界観をもっています。一神教は「神（唯一神）」という絶対者の存在を想定していますが、仏教において

「絶対者」の位置にあるのは**法**（ダルマ）と呼ばれる宇宙の法則です。この法則に従ってあらゆる生物は**輪廻転生**し、良い生や悪しき生を営んでいます。

そういう人生の浮沈を疎ましく思う者たち、生命や人生の不条理に絶望した者たちは、瞑想や**坐禅**、**念仏**などを通じて**悟り**や**安心立命**の境地を目指します。**ブッダ**（仏陀、仏、ほとけ）とは開祖釈迦の称号でしたが、のちには一種の神のような存在とイメージされるようになりました。

お経の中核にあるのは、修行の方法や心得を記した部分です。これに開祖釈迦の伝記、様々な神話的な仏たちや聖者たちが活躍する物語、さらには哲学的な論考が付け加わって、百科事典並みに膨大な文献群を構成しています。宗派ごとに、信者ごとに好みの経典を選び取って使用するのが普通です。その使用の仕方も、聖書のように読解するというより、呪文のように誦すことが多いようです。

信者のほとんどは教典を読めなかった

ちなみに、聖書であれ、コーランであれ、仏典であれ、一般信徒が自ら教典を読むようになったのは比較的最近のことです。一九世紀まで、世界中のほとんどの人は文字が読めませんでした。古代や中世において、お坊さんなどの宗教家は例外的な知識人でした。字が読める彼らだけが、教典の内容についてあれこれ解釈したり論じたりできたのです。

教典はそうした知識エリートたちのツールであり、一般民衆は、エリートたちが解釈した結果だけを信じて、神仏を拝んだり修行したりしていたのです。

逆に、識字率が高くなり、誰でも教典にアプローチできるようになった現代では、これらの古代文書を好き勝手に読み解いて好き勝手に解釈する自由も広がりました。聖書やコーランのあれこれの文言を自分たちにとって都合のいいように解釈するカルトが生まれやすい状況になったと言えるでしょう（ＳＮＳの断片的な情報から自分好みの陰謀論を信じる人が増えているのとパラレルな状況です）。

第2章

聖書を読んでみよう

① 天地創造

初めに神は天と地を創造された。
地は混沌として、闇が深淵の面《おもて》にあり、神の霊が水の面を動いていた。
神は言われた。「光あれ。」すると光があった。神は光を見て良しとされた。
神は光と闇を分け、光を昼と呼び、闇を夜と呼ばれた。
夕べがあり、朝があった。第一の日である。

（創世記、一章）

「創世記」の冒頭の節です。神が天地を、すなわち世界全体を造っています。神話は「昔々こういうことがあった」という形で物事の起源や本質を説くものです。その極限の物語が、世界全体の起源の神話ということになります。

世界中に創世神話があります。宇宙大の卵から生まれたとか、巨人が死んでその肢体が宇宙になったとか、神が鍛冶屋のように宇宙を鍛造したとか、何か混沌としたものが宇宙に成ったとか、空隙のようなものから宇宙が出現したとか、様々な説が生まれました。

聖書の創世神話の特徴は、「神」と呼ばれる一つの**絶対的な意志**が、まさしく意志の力で世界を生み出したとしている点です。

神は六日間をかけて天地を創造するのですが、その日程はおおよそ次の通りです。

最初の三日間は舞台設営です。一日目で**空間**と**時間**を設定します（「第一の日である」と宣言したのは時間が生まれたからです）。二日目で**大空**と**大海**を整えます。三日目で**大地**とそこに生えている植物を設定します（植物は生物というより環境に属するようです）。

次の三日間は登場キャラクターの設定です。四日目で**日月星辰**を登場させます（四日目に太陽が登場するまでどうやって日を数えたか、悩んでも仕方ありません。古代の多くの神話では太陽も月も神様（一種の天界の生物）なので、天地創造の途中で生み出されるのが定番のパターンでした）。五日目には大空と大海の生物、つまり**鳥**と**魚**が登場します。そして六日目に**陸上の動物**が登場します。そのトップの座にあるのが**人類**です。

七日目に神は休みます。これは一週間に一度の**安息日**の規定の根拠とされています。神も七日目に休んだから人間も七日目に休むべし。こんなあたりが、古代の創世神話と現代物理学のビッグバン説などとの違いですね。古代の神話は日常の社会秩序を権威づける寓話となっているのが普通なのです。極めて人間臭い物語だと言えるでしょう。

② アダムとエバの失楽園

神である主《しゅ》が造られたあらゆる野の獣の中で、最も賢いのは蛇であった。

蛇は女に言った。「神は本当に、園のどの木からも取って食べてはいけないと言ったのか。」

女は蛇に言った。「私たちは園の木の実を食べることはできます。ただ、園の中央にある木の実は、取って食べてはいけない、触れてもいけない、死んではいけないからと、神は言われたのです。」

蛇は女に言った。「いや、決して死ぬことはない。それを食べると目が開け、神のように善悪を知る者となることを、神は知っているのだ。」

女が見ると、その木は食べるに良く、目には美しく、また、賢くなるというその木は好ましく思われた。彼女は実を取って食べ、一緒にいた夫にも与えた。そこで彼も食べた。

すると二人の目が開かれ、自分たちが裸であることを知った。彼らはいちじくの葉をつづり合わせ、腰に巻くものを作った。

（創世記、三章）

アダムとエバ（英語読みでイヴ）の神話はよく知られています。天地創造の六日目に造られた人間です。この二人の人祖は**エデン**という楽園に住まわせられていたのですが、神の言いつけにそむいて、禁断の木の実を食べてしまった。誘惑したのは蛇です（悪魔だと言われています）。禁断の木というのは**《善悪の知識の木》**です。

食べてはいけないものをわざわざ園に植える神様も意地悪な気がしますが、神話なのだからそこはいいとしましょう。ポイントは、人間にはやってはいけないことをやってしまう性向があるということです。ご先祖アダムの物語は我々ひとりひとりの物語だということです。クリスチャンは人類の神から離反せんとする性質を「**原罪**」と呼びました。

さて、アダムとエバは知恵の実を食べたところで、神様に見つかって園から追い出された。園には**《命の木》**というのもあったのですが、こちらの実は食べ損ねました。

アダムとエバ

ルーカス・クラナッハ作『アダムとエバ』、16世紀

禁断の木の実をエバが取り、アダムに渡しています。木の上には蛇がいます。実を食べた二人は自分が裸であることに気づき、いちじくの葉をつづり合わせて腰に巻いたと聖書にあるのですが、この絵では蔓のように伸びた植物がわざとらしく（?）隠しどころを隠しています。

それゆえ、人間は神並みの知恵をもつ一方で、神のような永遠の寿命をもっていないのであると。つまり、死を予測できるが死を回避できない。ここに人間の悲劇があります。

なお、この物語に漂う**性的なニュアンス**に注目する人もいます。

アダムとエバは最初自分たちが裸であることに気付かなかったが、知恵がついたら互いに恥ずかしく思って、**いちじくの葉**で隠しどころを隠した。隠すくらいですからセックスに目覚めているわけです。

つまりこれは、思春期における知恵の目覚めと、親への反抗と、性的成熟をいっぺんに暗示するような物語にもなっていると言えるのではあるまいか？　解釈次第ですが。

ともあれ、神話というものの多義的な面白みが感じられますね。

③ ノアの洪水

ノアが六百歳の時、洪水が起こり、水が地上を襲った。ノアは息子たち、妻、息子の妻たちと一緒に大洪水を避けて箱舟に入った。清い動物、清くない動物、鳥、そして地上を這うあらゆるものが、雄と雌二匹ずつノアのもとに来て、箱舟に入った。神がノアに命じられたとおりであった。七日たって、大洪水が地上に起こった。

……洪水は四十日間、地上で続いた。水は増して箱舟を押し上げ、箱舟は地上から浮かび上がった。……水は百五十日間、地上にみなぎった。

……水は地上から徐々に引いてゆき……第十の月の一日に山々の頂きが現れた。

四十日たって、ノアは自分が造った箱舟の窓を開け、烏を放した。……次に鳩を自分のもとから放した。……

さらに七日待って、もう一度鳩を箱舟から放した。夕暮れ時に、鳩は彼のもとに帰って来た。すると、鳩はオリーブの若葉をくちばしにくわえていた。そこでノアは水が地上から引いたことを知った。
さらに七日待って、また鳩を放した。しかし鳩はもはや彼のもとには帰って来なかった。

（創世記、八章）

アダムとエバに息子たちができて、そこから人類は増殖していきます（息子たちの配偶者がいったいどこから湧いて出てきたのかが、古来謎とされています）。世代が下ってくると、やがて人間は悪いことばかりするようになります。神は失敗したと気づいて、世界を再起動することにします。その**再起動**が有名な**ノアの洪水**です。

神は天地創造の二日目に原初の大海を上下に二分して、天の上方に雨のための貯水層を造っておいたのですが、その貯水槽の扉を開けば、水がドドーッと地上に落ちてきます。かくして原初の大海が甦り、天地創造をやり直すことになるのです。

神様はせっかく造った人間と動物を絶滅させるのは忍びないと思ったのでしょうか、種の保存のためノアに**箱舟**の建造を命じます。元祖遺伝子バンクです。「箱舟」は水に浮く倉庫のようなものです。そこに雄雌のツガイの動物たちを保管し、善人であると神に認定されたノアの一家がその保管人となり、洪水をやり過ごすことになりました。

洪水が終わり、水が引き始めると、漂流中の箱舟は現在のトルコの東方の山岳地帯（**アララット**）に引っかかったそうです。ノアは烏や鳩を放って、水がどのくらい引いたかを確かめます。鳩が**オリーブ**をくわえて戻ってきたことを記念して、現在も国連旗の地球の地図のまわりにはオリーブが描かれています。

神はノアを**祝福**し、子孫が増えることを保証します。空に**虹**がかかります。

④アブラハムとイサク

神が示された場所に着くと、アブラハムはそこに祭壇を築き、薪《たきぎ》を並べ、息子イサクを縛って祭壇の薪の上に載せた。アブラハムは手を伸ばして刃物を取り、息子を屠ろうとした。

すると、天から主の使いが呼びかけ、「アブラハム、アブラハム」と言った。彼が、「はい、ここにおります」と答えると、主の使いは言った。「その子に手を下してはならない。何もしてはならない。あなたが神を畏れる者であることが今、分かった。あなたは自分の息子、自分の独り子を私のために惜しまなかった。」

アブラハムが目を上げて見ると、ちょうど一匹の雄羊がやぶに角を取られていた。アブラハムは行ってその雄羊を捕らえ、それを息子の代わりに焼き尽くすいけにえとして献げた。

（創世記、二二章）

ノアの世代のずっと後、世界中に様々な民族が散ってそれぞれの都市や国家を造るようになった時代、神は**アブラハム**（もとの名はアブラム）と呼ばれる人物に、将来の子孫繁栄を約束します。

将来の子孫とは**イスラエル人**（ユダヤ人）のこと。アブラハムはその父祖となったのでした。アブラハムの子が**イサク**、その子が**ヤコブ**です。イスラエルの神様の名前はヤハウェなのですが、父祖三代の名をとって「**アブラハムの神、イサクの神、ヤコブの神**」のようにも呼ばれます（なお、「イスラエル」とはヤコブの別名に由来する民族名です）。

さて、あるとき神はアブラハムに、息子のイサクを**人身御供**にせよと命じます。念願かなって得た長男の命を神は奪おうとする！　過酷な要求です。現代の我々も、大事な家族や恋人や友人を運命の力で奪われることがあります。神とはこの「運命の力」のようなものだと思えばいいかもしれません。

アブラハムはこの命令に従おうとします。羊もないのに犠牲壇をこしらえる父を見て、イサクも何だか変だなと感じますが、父のなすがままにされます。

なんだかひどい感じのする話ですが、古代の人々は、アブラハムもイサクも心がけが立派だと考えたようです。つまり、**信仰の強さ**、敬虔さを表わす寓話なんですね。

しかし、アブラハムの心意気を確認した神は、命令を撤回します。イサクを犠牲にしなくてもよろしい。アブラハムは代わりに羊を生贄《いけにえ》にします。

古代ではどこでも人身御供が行なわれていました。この物語は、「神が命じ↓神が撤回する」という形で描かれた、人身御供の禁止の戒めとなっています。結局、「創世記」の説こうとしていることは、古拙な表現ながらも人間の生贄を「不要」とする神の意志なのです。当時としては先進的な物語だったと言えるかもしれません。

⑤モーセと出エジプト

それから神は、これらすべての言葉を告げられた。「私は主、あなたの神、あなたをエジプトの地、奴隷の家から導き出した者である。

①あなたには、私をおいてほかに神々があってはならない。

②あなたは自分のために彫像を造ってはならない。……それにひれ伏し、それに仕えてはならない。……

③あなたは、あなたの神、主の名をみだりに唱えてはならない。……

④安息日を覚えて、これを聖別しなさい。……

⑤あなたの父と母を敬いなさい。……

⑥殺してはならない。

⑦姦淫してはならない。

⑧盗んではならない。

⑨隣人について偽りの証言をしてはならない。
⑩隣人の家を欲してはならない。隣人の妻、男女の奴隷、牛とろばなど、
隣人のものを一切欲してはならない。
（出エジプト記、二〇章、番号①～⑩は便宜的に添えたもの）

アブラハムの子のイサクの子のヤコブの、そのまた子である**ヨセフ**が**エジプト**に身を売られ……と色々なドラマがあって、イスラエルの民がエジプトで暮らすようになったのですが、やがてこの寄留外国人集団が**奴隷**のような地位に落とされます。

そしてこの奴隷状態の同胞を救ったのが英雄**モーセ**です。彼はイスラエル人であるのにさる因縁からエジプトの王宮で育てられます。その後エジプトを追放され、どうなったかというと、砂漠のある山でアブラハムの神（**ヤハウェ**）に遭遇し、神から「エジプトに戻って同胞の解放に尽力せよ」と命じられたのでした。

モーセはエジプト王と交渉し、ヤハウェの魔力を見せつけるなどして、イスラエル人解放の約束を勝ち取ります。

エジプトを離れたイスラエルの民は**楽園カナン**（今のパレスチナ）を目指して四〇年もの間砂漠を放浪しました。そのさい、モーセは「葦の海」の水を神の力を借りて断ち割り、民を対岸に渡しています。「葦の海」が後世には紅海と解釈されるようになったのですが、それは誤読のようです。潟湖のような湿地帯を指していた可能性があります。

そしてその後、モーセはシナイ半島の山でヤハウェから大量の戒律を授かります。そうした戒律の憲法のようなものが、上に引用した「**モーセの十戒**」です。民はこれらの戒律を「**律法**」として大切に保管し、カナンめざして砂漠を進んだのでした。

これがイスラエル神政共同体の起源を説く出エジプト伝承のあらましです。

⑥ 一神教の誕生

イスラエルの王なる主
イスラエルを贖《あがな》う方、万軍の主はこう言われる。
私は初めであり、終わりである。
私のほかに神はいない。
誰が私と同じように宣言し
これを告知し、私に並べ立てるだろうか。

（イザヤ書、四四章）

イスラエル人の宗教の特徴は、まず第一に、**ヤハウェ**という神を排他的に拝み、他の神に浮気しないことです。一神教という観念が最初からあったわけではありません。イスラエル人はただ、中東のあれこれの民族が奉じる様々な神々のリストの中で、ヤハウェ以外を拝まないことに決めていたのです。

半遊牧民であるイスラエル人は、周囲の農耕民族や都市の民の隠微な儀礼に満ちた信仰を嫌って、ひたすら純潔を保とうとしたのだと思われます。

彼らは、出エジプト伝承においてヤハウェから授かったことになっている**律法**に含まれる無数の戒律を遵守せんと頑張りました。そうした戒律もまた、もちろん人間が自前で作ったものですが、神の名によって権威づけられていました。

史上のイスラエル人は前一〇世紀頃に王国をつくり、**ダビデ王**や**ソロモン王**のもとでそこそこ繁栄しました。その後は国家が分裂し、勢力が衰えます。そして現在のイラクのあたりに興った**アッシリア**や**バビロニア**という大国に滅ぼされてしまうのです。

バビロニアはイスラエル人の主《おも》だった者を**捕囚**にしたので、イスラエル民族はかろうじて消失を免れました（この時代以降、イスラエル人ではなく**ユダヤ人**と呼ぶのが普通となっています）。

国家無き民となったユダヤ人はますます律法に固執するようになりました。民族としてのアイデンティティは律法にしかなかったからです。

この時期、神ヤハウェの地位が観念的に高められ、ここに引用した預言者イザヤ（**第二イザヤ**）がお告げするように、世界に唯一なる存在、世界を動かす絶対の存在にまで高められたのでした。かくしてユダヤ教は**一神教**となりました。

簡単に言えば、ユダヤ人指導者たちは現実生活においてうだつが上がらなかったぶんだけ、観念の世界での絶対化を図ったということでしょう（旧約聖書の「イザヤ書」に預言が収録されたイザヤは、実際には三人いたと考えられています。そのうちの二番目に古いイザヤを歴史学者は「第二イザヤ」と呼んでいます。前六世紀の人物と推定されています）。

⑦ 義人ヨブの苦難

主はサタンに言われた。「あなたは私の僕《しもべ》ヨブに心を留めたか。地上には彼ほど完全で、正しく、神を畏れ、悪を遠ざけている者はいない。」

サタンは主に答えた。「ヨブが理由なしに神を畏れるでしょうか。あなたは彼のために、その家のために、また彼のすべての所有物のために周りに垣根を巡らしているではありませんか。あなたが彼の手の業を祝福するので、彼の家畜は地に溢れています。しかし、あなたの手を伸ばして、彼のすべての所有物を打ってごらんなさい。彼は必ずや面と向かって、あなたを呪うに違いありません。」

主はサタンに言われた。「見よ、彼のすべての所有物はあなたの手の中にある。ただし、彼には手を出すな。」

サタンは主の前から出て行った。

（ヨブ記、一章）

「ヨブ記」は御伽噺《おとぎばなし》です。あるとき**神様**が悪魔に、ヨブなる人物が**敬虔**なることこの上ないと褒めます。この時代の敬虔さというのは、律法を忠実によく守って、何か失敗（罪）があったら念のために生贄を余分に捧げたりすることです。

悪魔は言います。神がヨブによくしてやっているからヨブが感謝するのは当たり前でさあ。ひとつ、ヨブをつらい目に遭わせてごらんなさい。あなたを呪うこと請け合いですよ。

神は悪魔に告げます。お前はヨブを好きに扱ってよろしい。ただし命だけは狙うな。

とんでもない話ですが、御伽噺だからいいとしておきましょう。悪魔はヨブの財産や家族を狙い撃ちにし、ヨブに不治の病らしきものまで与えます。

しかし、ヨブは神を呪いませんでした。やはりヨブは敬虔この上なかったのです！

——と、もしこれだけであれば、「ヨブ記」はよくある有難いお話というだけで終わったことでしょう。しかし「ヨブ記」にはさらに続きがあります。ヨブは重病となり、苦しみます。ここにヨブの**友人たち**が現われ、**説教**を垂れます。曰く、苦難は神罰である。君自身が罪を犯したのに違いない。すなおに神に謝るべきだ。しかしヨブは説教を受け入れません。身に覚えのないことで謝ったりしないのです。

実際、ヨブの苦難は神様と悪魔の実験の結果なのですから、ヨブに覚えがないのは当然です。結局最後に神が嵐の中にお出ましになって、ヨブを褒め、友人たちを叱ります。

注目点はこの寓話の趣旨が「**苦難を受けるのは自業自得とは限らない**」ということを示している点にあります。世の中には身に覚えのない苦難の被害者というのがいくらでもいます。しかし、「火のないところに煙はたたない」「**自己責任**だ」とか言って、被害者いじめをする人が必ず出てきちゃう。そうした**因果応報論、自業自得論の欺瞞**《ぎまん》を見抜いたという点で、聖書はやはり先進的だったのかもしれません。

⑧ イエス降誕の予告

そのおとめの名はマリアと言った。天使は、彼女のところに来て言った。「おめでとう、恵まれた方、主があなたと共におられる。……マリア、恐れることはない。あなたは神から恵みをいただいた。あなたは身ごもって男の子を産む。その子をイエスと名付けなさい。その子は偉大な人になり、いと高き方の子と呼ばれる。……」

マリアは天使に言った。「どうして、そんなことがありえましょうか。私は男の人を知りませんのに。」

天使は答えた。「聖霊があなたに降り、いと高き方の力があなたを覆う。だから、生まれる子は聖なる者、神の子と呼ばれる。……」

（ルカによる福音書、一章）

イスラエルの民は、異国に蹂躙《じゅうりん》されたりしてさんざん苦難を味わいました。やがて人々は、終末が来て救世主（**メシア**）が現われ、民族を奇跡的に救うことを願うようになりました。

救世主出現の噂はいくつもあったようですが、唯一成功したのが**ナザレのイエス**のケースでした。メシアのことをギリシャ語でクリストス（日本語なまりで**キリスト**）と言うので、イエスは「イエス・キリスト」と呼ばれるようになりました。

この救世主は世に革命を起こすどころか、支配層に冒涜の罪で裁かれ、さらにローマの総督によって十字架刑で殺されてしまったのですが、しかし死んだがゆえにかえって神話的なキャラクターへと昇格します。

そうした神格化の一つが、「**マタイによる福音書**」と「**ルカによる福音書**」に記された処女懐胎伝説です。神の子イエスは**処女マリア**から生まれます。旧約の「**イザヤ書**」に「見よ、おとめが身ごもって男の子を産み……」という言葉があるのですが、この「おとめ」が結婚適齢期の若い娘を指す意味であったのを「処女」と誤解するのが一般化し、それが影響して生まれた神話ではないかとされています。そもそも古代には、神（ゼウスなど）が処女と交わって子供を儲けるという神話パターンがありました。そういう奇跡の子供はやがて英雄となるお約束でした。

ちなみに、「マタイ」と「ルカ」の二種の降誕伝説はそれぞれ違った内容です。**大天使ガブリエル**がマリアに「おめでとう《アヴェ》、マリア」と告げるのは「ルカ」バージョン。このバージョンの降誕劇ではイエス生誕のシーンに**羊飼い**が登場します（羊はイエスの**犠牲**の象徴）。

「マタイ」バージョンでは幼子イエスに占星術師たち（いわゆる「**東方の三博士**」）が贈り物をします。贈り物の一つが没薬で、これは死体などの防腐処置に用います。やはり**十字架の死**の暗示なのでしょう。降誕神話は単にメデタイだけのお話じゃないんですね。

⑨ 貧者・病者・罪人の友

「貧しい人々は、幸いである
神の国はあなたがたのものである。……」

（ルカによる福音書、六章）

四種の福音書の描くところでは、イエスは**貧者・病者・罪人**とともに暮らし、主に彼らに向けて「神の国」の到来を告げています。

まず、当時の民衆の圧倒的多数は**超貧乏**だったことを思い出す必要があります。

人類史の大半は超格差社会であり、貧者は生まれ落ちた人生を呪うしかないような生活を送っていました。ユダヤ社会もそうです。だから、救世主が救うべき第一の対象が貧者であることは分かりやすいですね。

さて、貧困の中に生きていた最下層の民衆は、たいがい**病気**を患っていました。当時はまともな医学など存在していません。栄養失調も多いでしょうから、貧者といい病者といい実質的な差はあまりなかったかもしれません。

イエスはその貧者＝病者たちの間に入って魂の世話をした。となると、自然に奇跡の病気治しの神話が増殖するであろうことは想像に難くありません。旧約「**イザヤ書**」などの描く救世主の姿というのは、世を正すだけじゃなくて、病気も治せば死人も蘇らせるというまったく神話的なものです。そういうイメージに合わせて福音書の奇跡を起こすイエス像が生まれたのかもしれません。

貧者、病者と並ぶもう一つのカテゴリーは、**世間から「お前は罪を犯しただろう」と言われる人々**です。「ヨブ記」を思い出してください。苦難を負う者は、何らかの神罰を受けている罪人だという発想は古代には自然なものでした。

また、食っていくために、実際に「よからぬ」ことで生計を立てていた人たちもいました。たとえば売春をやるとか、ローマ人の手下になって働くとか。太っ腹のイエスはそうした「罪人」たちをも差別せずに付き合っていたようなのです。だからこそ、宗教的指導層からは胡散臭く思われ、ついに逮捕されちゃったんですね。

さて、「ルカによる福音書」のイエスは「貧しい人々は、幸いである」（六章）と告げますが、**「マタイによる福音書」**では文言が精神的なものに変換され、**「心の貧しい人々は、幸いである／天の国はその人たちのものである」**（五章）となっています。

魂《こころ》において貧困な人間がこそが幸いだ。——直接にお金がないという話ではなく、**精神面において何も価値のあるものをもっていない**という意味に受け取れます。

ふつう、神様は精神が豊かな人間、魂が立派な人間のことを祝福しそうなものですが、ここでは逆説的に、そんな「立派」志向を退けているようです。立派な精神なんてものは実はアテにならない。私は立派じゃありませんと思っている方が天国に近いらしい。

なかなかドラスティックですね。

「心の貧しい人々は……」の句は「マタイによる福音書」の五章に含まれています。「マタイ」の五〜七章は伝統的に**「山上の垂訓」**と呼ばれています。聖書なんかぜんぜん読まない信者さんでも、「山上の垂訓」だけは読むなどと言われています。なぜ「山上」なのかというと、「マタイ」の設定では、イエスがガリラヤ湖のほとりの高いところに上がって、大群衆を前に説いたということになっているからです。

以下では、この「山上の垂訓」からよく知られた聖句をいくつか拾ってみることにします。

「あなたがたは地上に宝を積んではならない。そこでは、虫が食って損なったり、盗人が忍び込んで盗み出したりする。宝は、天に積みなさい。そこでは、虫が食って損なうこともなく、盗人が忍び込んで盗み出すこともない。あなたの宝のあるところに、あなたの心もあるのだ。」

（マタイによる福音書、六章）

「あなたがたは、神と富とに仕えることはできない。」

（同六章）

宗教の説教は、しばしば**極端な二択を迫る**物言いをします。お前はいったい富の側につくのか、神の側につくのか、究極の選択をしろ、と。あるいは地上に富を積むのか、天上に富を積むのか、決断しろ、と。

神の側を選ぶ、天上に富を積むというのは、具体的には**チャリティに励む**ことだと解釈できるでしょう。いわゆる隣人愛の実践です。

よく、お金を貯め込んでも来世に持っていくことはできないと言われます。金への執着は何かしら倒錯的なものであり、むしろ金は手放して社会のために役立てて、幸福な共同体の中で暮らしたほうがベターだというのは、リクツでは誰でも分かります。それでも実行するのは難しい。

なお、この神vs富の対照は、単なる宗教vs経済の問題を超えて、より広く、文学的な態度vs数字本位の態度、つまり文系vs理系という対照、さらにはアナログ思考vsデジタル思考といった対照につながっていきます。つまり人間の取りうる二種の態度を典型的に表わしたものというふうに捉えることが可能なのです。そういう意味で、単なるお説教に留まらない普遍的な含みがあると言えるでしょう。

「あなたがたも聞いているとおり、『姦淫するな』と命じられている。しかし、私は言っておく。情欲を抱いて女を見る者は誰でも、すでに心の中で姦淫を犯したのである。」

（同五章）

宗教というのは神の戒めを説き、それを守ればよし、守らないのは罪、というような二分法を基準に出来上がっているシステムです。ユダヤ教の律法主義なんかはその典型です。しかし、古代においてすでにこのシステムが色々矛盾をもたらすことが認識されていました。たとえば「ヨブ記」の作者は、律法を守っていても苦難に喘ぐ人が現われると見ていました。

逆に、心の中では**姦淫の妄想に耽っているのに、あるいは嫉妬や怨念や暴力的妄想に囚われているの**に形だけ宗教的義務に従って**紳士淑女**の体面を保っている人もいます。この場合、本質的には罪人なのに罪人じゃないと思っていることになります。

宗教とは面白いもので、人をつかまえては説教臭く罪人呼ばわりするのも宗教なれば、他人様のことなんか言っちゃあかん、問題なのは自分自身だよ、と自重を勧めるのも宗教です。こういう認識はキリスト教にも仏教にもありますし、実はユダヤ教にもあります。

「見てもらおうとして、人の前で善行をしないように注意しなさい。そうでないと、天におられるあなたがたの父から報いが受けられない。」

（同六章）

見せかけの善行で繕おうとしても、どうせ神様はお見通しだよ、とイエスは説いています。

「人を裁くな。裁かれないためである。あなたがたは、自分の裁く裁きで裁かれ、自分の量る秤で量られる。」

（同七章）

罪人か罪人じゃないのかなんてどうせ人間には分からない。言うなれば、人間はすべて罪人である。だから他人なんか裁いちゃダメだ。

ということの深遠なる認識は、イエスの死後、「神の子イエスはそんな罪人である人間すべてのために、罪を背負って死んでくれた」という**贖罪の神学**を生み出します。

さて、「裁くな」の教えを宗教的に極端化して言いますと、「敵」をも裁くな、という思想となります。「敵」というのは、誰だって真っ先に裁きたくなる、そんな最悪の存在のことですからね。

「敵を愛し、迫害する者のために祈りなさい。」

（同五章）

もちろん、敵に向かって「愛してます！」なんて言っても意味がないかもしれません。というか、敵がもしテロリストならば殺されちゃうかもしれない。
しかし、たとえそうだとしても、敵の人間性まで裁く権利はあなたにはない。そういう判断は人間が行なわずに、神に任せておくしかない。意識の焦点は敵その人にではなく、神のほうへとズラしなさい。敵のことは神がなんとかしてくれる。そう思って待ちなさい。要するに、敵のために祈りなさい……。
もちろん、こんなことを実践するのは、難しい道だとしか言いようがありません。修行が必要です。超難関です。**狭き門**です。

「狭い門から入りなさい。滅びに至る門は大きく、その道も広い。そして、そこから入る者は多い。命に通じる門は狭く、その道も狭い。そして、それを見いだす者は少ない。」

（同七章）

というわけで、「狭き門」とは、大学入試とか司法試験のことを言うのではなく、これまでイエスが色々述べてきた困難な実践――敵を愛せ、天上に富を積め――のことを指すのだと思われます。

イエスの道は超難関だ。しかし、イエスは次のように請け合います。

「求めなさい。そうすれば、与えられる。探しなさい。そうすれば、見つかる。叩きなさい。そうすれば、開かれる。」

（同七章）

「叩けよ、さらば開かれん」――要するに信仰のススメです。信じてやっていくしかない。案ずるより生むが易し――これに似ていますが、信仰の道はもっと厳しそうです。

信じるか信じないかはともかく、こういう激しい文句に溢れているのが聖書という書物です。

「山上の垂訓」に記載されたイエスの説法には、何かしら、霞を喰う仙人的なニュアンスのあるくだりもあります。

「……自分の命のことで何を食べようか何を飲もうかと、また体のことで何を着ようかと思い煩うな。命は食べ物よりも大切であり、体は衣服よりも大切ではないか。

空の鳥を見なさい。種も蒔かず、刈り入れもせず、倉に納めもしない。だが、あなたがたの天の父は鳥を養ってくださる。まして、あなたがたは、鳥よりも優れた者ではないか。あなたがたのうちの誰が、思い煩ったからといって、寿命を僅かでも延ばすことができようか。

なぜ、衣服のことで思い煩うのか。野の花がどのように育つのか、よく学びなさい。働きもせず、紡ぎもしない。しかし、言っておく。栄華を極めたソロモンでさえ、この花の一つほどにも着飾ってはいなかった。今日は生えていて、明日は炉に投げ込まれる野の草でさえ、神はこのように装ってくださる。まして、あなたがたにはなおさらのことではないか。

……あなたがたの天の父は、これらのものがみな、あなたがたに必要なことをご存じである。まず神の国と神の義とを求めなさい。そうすれば、これらのものはみな添えて与えられる。
だから、明日のことを思い煩ってはならない。明日のことは明日自らが思い煩う。その日の苦労は、その日だけで十分である。」

（同六章）

思い煩うなと言われても、思い煩ってしまうのが人間というものです。明日任せにしていたら、その明日には病気になって死んでしまうかもしれないじゃないですか。

そんなわけで、霞を喰うようなことを推奨するイエスの言葉に反発を感じる人も古来ありました。イエスの言っていることは仙人道であって、常人にはまねできるものじゃあない。イエスのような調子でやっていったのでは、格差社会も無くならないし、それこそ体制側の思うつぼじゃないのか？　イエスは貧乏人の味方じゃなかったのか？――

たぶん、格差是正のために尽力することをイエスが否定したわけではないと思われます。ポイントは、その尽力さえも、日々のことで心理的にクサっていては手がつけられなくなってしまうというあたりにあるのでしょう。やはりどこかで達観する必要がある。

というか、こんな説教をするイエスを神様と信じて、お任せモードの安心立命に向かうしか答えがないと思ったからこそ、古来、人々はキリスト信仰に向かったのでしょう。

最後に——これは山上の垂訓ではないのですが——今の「思い煩うな」の悟ったような調子とは逆の、激しい**体制糾弾**のようなイエスの言葉を引用しておきましょう。これもまた「マタイによる福音書」にある言葉です。

「律法学者たちとファリサイ派の人々、あなたがた偽善者に災いあれ。あなたがたは、人々の前で天の国を閉ざしている。自分が入らないばかりか、入ろうとする人をも入らせない。」
「律法学者たちとファリサイ派の人々、あなたがた偽善者に災いあれ。あなたがたは、杯や皿の外側は清めるが、内側は強欲と放縦で満ちている。ものの見えないファリサイ派の人々、まず、杯の内側を清めよ。」

（同二三章）

「**律法学者**」とは律法の先生。彼らが属している宗教的派閥が**ファリサイ派**です。戒律に詳しくて、人々に「お前は戒律を守らないのか？　お前は罪人だ！」と説教してまわっている宗教的体制派です。その偽善をイエスは糾弾している。
　福音書の記すイエスの言葉にはしばしば激しい糾弾調のものもあるんですね。単なる優しいカミサマじゃないのです（なお、１４２ページも参照）。

⑩ 罪の女の赦し

……そこへ、律法学者たちとファリサイ派の人々が、姦淫の現場で捕らえられた女を連れて来て、真ん中に立たせ、イエスに言った。「先生、この女は姦淫をしているときに捕まりました。こういう女は石で打ち殺せと、モーセは律法の中で命じています。ところで、あなたはどうお考えになりますか。」

イエスを試して、訴える口実を得るために、こう言ったのである。……

イエスは身を起こして言われた。「あなたがたの中で罪を犯したことのない者が、まず、この女に石を投げなさい。」……

これを聞いた者は、年長者から始まって、一人また一人と立ち去ってゆき、イエス独りと、真ん中にいた女が残った。

イエスは身を起こして言われた。「女よ、あの人たちはどこにいるのか。誰もあなたを罪に定めなかったのか。」

女が、「主よ、誰も」と言うと、イエスは言われた。「私もあなたを罪に定めない。行きなさい。これからは、もう罪を犯してはいけない。」

（ヨハネによる福音書、八章）

あるときイエスを貶めてやろうと画策する体制寄りの者たちがやってきて、姦淫の罪を犯した女を成敗したいが、いかがでしょうかと尋ねます。

彼らの意図はこうです。イエスは愛や赦しを説きつつ律法をないがしろにするようなことを行なっている。しかし、歴然たる罪人を前にして、赦しを与えてしまったら、戒律違反ということで当局に訴えることができる。かといって、女の処刑に同意したならばイエスの愛の教えも形無しだ。信者はしらけてしまうだろう――。

では、この**ジレンマ**をイエスはどう解いたのでしょうか？

イエスは石打ちの執行を認めます。だから**律法違反ではない。**

しかし「罪を犯したことのない者からやれ」と条件をつけます。こうなると、実際誰だって大なり小なりの罪を犯しているのだから、石打ちの執行に手をつけられなくなります。下手すると神の報復を受けるかもしれませんからね。ということで、**実質的に刑の執行を不可能にした**。こういう形でイエスは姦淫の女を救出したのでした。

これは**大岡裁き型の寓話**です。史実ではなく、福音書に紛れ込んだ頓智《とんち》噺《ばなし》の可能性もあります。しかし、この寓話を福音書に書き込んだ初期の信者たちは、ここに律法より愛の赦しだ、というイエスの教えの本質を読み取ったものと思われます。

ちなみに、こうした罪の赦しはイエスが神的権威を帯びた存在だからこそできたことです。つまりこれは、旧約時代の**律法の遵守**から新約時代の**キリストの信仰**への強調点の変化をシンボリックに描いた物語だったとも言えるのです。

⑪ 最後の晩餐

一同が食事をしているとき、イエスはパンを取り、祝福してそれを裂き、弟子たちに与えて言われた。「取って食べなさい。これは私の体である。」また、杯を取り、感謝を献げて彼らに与え、言われた。「皆、この杯から飲みなさい。これは、罪が赦されるように、多くの人のために流される、私の契約の血である。……」

（マタイによる福音書、二六章）

レオナルド・ダ・ヴィンチの壁画で有名な、キリストと弟子たちの「**最後の晩餐**」のシーンです。弟子たちはたぶん、師がこれからメシアの本質を顕現させ、神の超常パワーをもって世直しを始めるんだと思っていたのでしょう。しかし、師匠のほうではこれから自分は殺されると思っている。メシアの本領は超能力的な革命に現われるのではなくて、人類の罪の贖いの内に現われる。そのため自分は十字架上に死ななければならない。

史実のイエスが本当はどう考えていたかは不明ですが、キリスト教の信仰としては、イエスは自ら意図的に**受難の道**を歩んだのでした。

パンはイエスの体であり、**ワイン**はイエスの血であるというシンボリズムは、ちょっと分かりにくいですね。この最後の晩餐が行なわれたのは、**過越しの祭り**というユダヤ教の供犠の祭礼の期間中でした。古来、ユダヤ人は罪のお祓いのために神殿で動物犠牲を行なってきました。そのさい、動物の血が流され、肉は人々が共食します。この肉と血という象徴物を、キリスト教徒はパンとワインに変え、キリストの贖罪の記念としたのです。

今日、**聖餐式**とか**ミサ**とか呼ばれる日曜日ごとの儀式は、この最後の晩餐にちなむものです。

最後の晩餐

レオナルド・ダ・ヴィンチ作『最後の晩餐』、サンタ・マリア・デッレ・グラツィエ修道院、ミラノ、15世紀
中央にキリスト。この席に裏切者がいることを告げ、弟子たちが動揺しています。12人の弟子たちは3人づつのまとまりで描かれています。左からバルトロマイ、小ヤコブ、アンデレ；裏切者イスカリオテのユダ、一番弟子ペトロ、ヨハネ；トマス、大ヤコブ、フィリポ；マタイ、タダイ（ヤコブの子ユダ）、シモンと推定されています。

なお、ダ・ヴィンチの「最後の晩餐」には、弟子たちがキリストの言葉に驚いている場面が描かれています。それは晩餐の席でイエスが、弟子**ユダ**が私を裏切って官憲に売り渡すだろうと告げたという福音書の記事に従ったものです（序章および本章の⑬参照）。

「ヨハネによる福音書」によれば、最後の晩餐の席において、イエスは**弟子たちの足を洗ってやります**。これからは**友愛**の時代だというので、イエスがまずその範を示したのですね。師であるイエスが偉そうに部下に足を洗わせるのではなく、自ら弟子の足を洗って見せる。古代にあっては画期的なメッセージであったことは容易に想像がつきます。これはまた、上下の秩序を重んじる俗界の論理ではなく、上下の隔たりが消失するであろう天国の論理の予兆でもあります。

⑫十字架と復活

はりつけにされた犯罪人の一人が、イエスを罵った。「お前はメシアではないか。自分と我々を救ってみろ。」すると、もう一人のほうがたしなめた。「お前は神を恐れないのか。同じ刑罰を受けているのに。我々は、自分のやったことの報いを受けているのだから、当然だ。しかし、この方は何も悪いことをしていない。」そして、「イエスよ、あなたが御国《みくに》へ行かれるときには、私を思い出してください」と言った。するとイエスは、「よく言っておくが、あなたは今日私と一緒に楽園にいる」と言われた。

（ルカによる福音書、二三章）

イエスはユダヤ世界を仕切っていた**祭司たちの裁判**を受け冒涜罪となり、この地域の実質的支配者である**ローマの総督**の官邸に引っ立てられました。総督はイエスを反逆者として**十字架刑**に処すことを決定しました。

イエスはエルサレム西門の外にある処刑場で十字架に掛けられました。十字架とは地面に立てた杭に丁字形あるいは十字形に棒を組み合わせたものです。横棒に手首を打ち付け、両脚を縦の杭に打ち付け、首が下がって窒息するのを待ちます。

絵画や映画のシーンでは空高くそびえた十字架に掛けられたキリストがいかにも気高く見えますが、実際の光景はさらし首などと同様、凄惨なものだったでしょう。

「ルカによる福音書」のエピソードでは、イエスと同時に別件で磔《はりつけ》にされている**二人の男**のうち、一方がイエスを罵り、他方がその罰当たりをたしなめます。そしてイエスは敬虔な方の男に向かって、その日のうちに自分といっしょに**パラダイス**に昇ることであろうと請け合います。

このイエスの言葉からすると、どんな犯罪者でも悔い改めれば天国に行けるということになりそうです。また、天国行きは死後すぐに決定するもののようです。

イエスが息を引き取るときの最後の言葉はどうだったでしょうか？「マタイ」と「マルコ」に書かれているのは「**わが神、わが神、なぜ私をお見捨てになったのですか**」。これは旧約の詩編にある神礼賛の詩の出だしの文句です。ですから、文字通り絶望の言葉と受け取る人もいるし、むしろ神を礼賛する言葉と受け取る人もいます。「ルカ」では「**父よ、私の霊を御手に委ねます**」、「ヨハネ」では「**渇く**」および「**成し遂げられた**」です。

イエスは死後すぐに墓に入れられます。三日後に墓の中が空になっていることが発見されます。そしてイエスは**マグダラのマリア**という敬虔な女性や**弟子たち**に幾度か姿を見せ、「ルカ」によれば弟子たちの面前で**天に昇って**ゆきました。復活や顕現のシーンは福音書ごとに違っています。神話のバージョン違いということでしょう。

⑬ペトロ、ユダ、マグダラのマリア

そこにいた人々が近寄って来てペトロに言った。「確かに、お前もあの連中の仲間だ。言葉のなまりで分かる。」その時、ペトロは呪いの言葉さえ口にしながら、「そんな人は知らない」と誓い始めた。するとすぐ、鶏が鳴いた。ペトロは、「鶏が鳴く前に、あなたは三度、私を知らないと言うだろう」と言われたイエスの言葉を思い出した。そして外に出て、激しく泣いた。

（マタイによる福音書、二六章）

最後の晩餐の席でイエスは、これから起こる逮捕劇の最中に、**弟子筆頭**のペトロは自分がイエスの弟子だったことを人々の前で否定するだろうと予言します。そして実際その通りになりました。そんな**軟弱なキャラ**が信徒の代表と考えられたところが面白いですね。

その頃、イエスを裏切ったユダは、イエスに有罪の判決が下ったのを知って後悔し、銀貨三十枚を祭司長たちや長老たちに返そうとして、「私は罪のない人の血を売り渡し、罪を犯しました」と言った。しかし彼らは、「我々の知ったことではない。お前の問題だ」と言った。そこで、ユダは銀貨を神殿に投げ込んでそこを離れ、出て行って、首をくくった。

（マタイによる福音書、二七章）

ユダはイエス一党の会計係でありしかも着服していたと「ヨハネ」に書かれています。本当の動機は分からないのですが、とにかく祭司らから**銀貨三十枚**を受け取ってイエスの居場所を告げ、逮捕のきっかけをつくったんですね。「マタイ」によればユダは自殺します。序章で述べたように、伝統的には**キリストを裏切った大悪人**との扱いです。ダンテの『神曲』では地球の中心にいるサタンの親玉ルシファーがユダを齧っています。

天使たちが、「女よ、なぜ泣いているのか」と言うと、マリアは言った。「誰かが私の主を取り去りました。どこに置いたのか、分かりません。」こう言って後ろを振り向くと、イエスの立っておられるのが見えた。しかし、それがイエスだとは分からなかった。……イエスが、「マリア」と言われると、彼女は振り向いて、ヘブライ語で「ラボニ」と言った。「先生」という意味である。

（ヨハネによる福音書、二〇章）

これは**マグダラのマリア**が空になった墓からキリストが復活・顕現したのに遭遇したところ。弟子たちよりも彼女のほうが先でした。後世、教会はこのマリアを聖書にある他の女性らと同一人物とみなしたのですが、その中には姦淫の女（→⑩参照）もいるので、マグダラのマリアには**娼婦のイメージ**がつきまとうことになりました。根拠はありません。

⑭パウロの中のキリスト

一人の人の不従順によって多くの人が罪人とされたように、一人の従順によって多くの人が正しい者とされるのです。

（ローマの信徒への手紙、五章）

ユダヤ教の正統派を自任する**パウロ**はイエス信者を迫害していたのですが、自分自身の律法信仰に飽き飽きしていたのでしょうか、あるとき急に回心して今度はイエス信仰の強力なイデオローグとなりました。彼は各地の信者に神学的な手紙を書き、激励します。

たとえばこの文句の「一人の不従順」とは**人祖アダム**が禁断の実を食べたこと

を意味します。そして「一人の従順」とは**救世主イエス**が父なる神の計画に従って十字架に掛かったことを意味します。

アダム神話は神に背くという人類の罪深い性質（**原罪**）を示すと解釈され、キリスト神話はキリストの**贖罪**をきっかけに人類が神と和解することを示すと解釈されています。

……アダムにあってすべての人が死ぬことになったように、キリストにあってすべての人が生かされることになるのです。

（コリントの信徒への手紙Ｉ　一五章）

アダムは楽園を追われ、人類に**死**が訪れる。キリストは死後に**復活**し、人類に**不死**が訪れる。もちろん人類は死を免れないのですが、キリストの信者になれば、**終末**において不死の身になる——**天国**で永遠に暮らす——というのです。

アダム／キリストの構図は、このように罪／義、あるいは死／命という対照を描く図式となっています。そしてパウロはさらに、律法／信仰という対照の図式も提唱しました。

> 人は皆、罪を犯したため、神の栄光を受けられなくなっていますが、キリスト・イエスによる贖いの業を通して、神の恵みにより価なしに義とされるのです。
>
> （ローマの信徒への手紙、三章）

従来ユダヤ人たちは**律法の遵守**のうちに神への道を見出していたのですが、パウロは律法なんぞ守れない人間の罪を背負ってくれたキリストに忠節を誓う（**キリストを信仰する**）ことのうちに神への道を見出しました。ユダヤ教の律法主義に疲れ切っていた人々にとっては、律法を実践せずともキリストに忠であるだけで宗教上の課題はクリアされるということになったのですから、パウロの図式は有難いものだったことでしょう。

パウロは、**生きているのはもはや自分じゃない、キリストが自分の中で生きているのだ**とまで言いました（ガラテヤの信徒への手紙、二章）。

⑮ 最後の審判

また私は、大きな白い玉座と、そこに座っておられる方を見た。……

また私は、死者が、大きな者も小さな者も玉座の前に立っているのを見た。

数々の巻物が開かれ、……命の書が開かれた。これらの巻物に記されていることに基づき、死者たちはその行いに応じて裁かれた。……

死も陰府《よみ》も火の池に投げ込まれた。……命の書に名が記されていない者は、火の池に投げ込まれた。

最後の審判

ハンス・メムリンク作『最後の審判』、ポーランド、15世紀
中央上空にキリストがいて審判しています。周囲には天使や聖人たち。甲冑を着ているのは大天使ミカエルでしょう。地上の人間たちはみな裸で、土の中から現れた死人たちもいるようです。救われた者は左側（キリストからみて右側）へ。天国である「新しいエルサレム」に入り、永遠の懲罰を受ける者たちは右側で火の中に転落しています。

また私は、新しい天と新しい地を見た。最初の天と最初の地は過ぎ去り、もはや海もない。

また私は、聖なる都、新しいエルサレムが、夫のために装った花嫁のように支度を整え、神のもとを出て、天から降って来るのを見た。

そして、私は玉座から語りかける大きな声を聞いた。

「見よ、神の幕屋が人と共にあり、神が人と共に住み、人は神の民となる。神自ら人と共にいて、その神となり、目から涙をことごとく拭い去ってくださる。もはや死もなく、悲しみも嘆きも痛みもない。……」

（ヨハネの黙示録、二〇・二一章）

新約聖書の最後尾に置かれた「**ヨハネの黙示録**」は、**世界の終末**を幻視する書です。書き手は二世紀の人物で、福音書のヨハネとは関係ないとされます。

世の終末といっても、書き手が直接イメージしていたのは、**ローマ帝国の滅亡**

です。ローマはクリスチャンの迫害も行ないましたし、地中海じゅうで搾取を行ないまた支配階級が酒池肉林に酔いしれるというけしからん有様でした。ですから、書き手は怨念の上にも怨念を重ねて、帝国と悪しき者どもが天変地異の中で滅んでいく有様を描かずにはいられなかったのでしょう。

気持ちは分かりますし、一種の正義の追求ですが、煩悩たっぷりの心情から書かれた本であることは間違いありません。

世の終末のプロセスはひどく複雑なのですが（たとえば有名な**ハルマゲドンの戦い**もあるし、キリストが統治するという**千年王国**のビジョンもあります）、最終段階で神（キリスト）の面前で死者たちが**復活**し、**最後の審判**が始まります。「**命の書**」とは天国行き確定者の名簿のこと。ここに名が見つからなかった者は「**火の池**」（地獄）に落とされます。

天からは「**新しいエルサレム**」（天国）がするすると降りて来ます。天国というのは雲の上のふわふわした白い国じゃなくて、きんきらきんの城門のある都市国家なんですね。

救われた者たちは天国入りして、神とともに暮らす民となります。もはや死もなく、悲しみもなく、痛みもありません。

聖書映画かんたんガイド

聖書を題材にした映画のうち著名なものをいくつか紹介します。いずれも商業映画であり、話を面白くしたり製作者の主張を盛り込んだりしています。予備知識なしでは誤解してしまうところも多いので、いくつか注意点を書きましょう。

『天地創造』（ジョン・ヒューストン監督、一九六六年）

「創世記」のうち天地創造からノアの洪水を経てアブラハムによるイサクの供犠までを描いています。物語の流れをつかむには便利です。ノアの箱舟がはっきりと船形をしていますが、聖書に記されているのはひょろ長い直方体です。二〇一四年の『ノア　約束の舟』（ダーレン・アロノフスキー監督）はこの点では聖書に忠実ですが、ドラマの内容はまったく現代風の解釈であり、聖書とはかけ離れたものになっているのでご注意。

『十戒』（セシル・B・デミル監督、一九五六年）

「出エジプト記」の内容を描いたもの。「王子」として育てられたモーセと本当の王子との確執が詳しく描かれていますが、これはハリウッドの創作です。モーセ一行が「紅海」を横断するシーンはCG以前の特撮としては見事なものですが、聖書でイスラエル人が横断した「葦の海」は実は紅海ではなく、もっと浅い潟湖だったようです。なお、二〇一四年の『エクソダス：神と王』（リドリー・スコット監督）は、モーセを神に不遜な態度で臨む合理主義者のリーダーとして描いており、聖書時代の人間とは思えませんね。

『奇跡の丘』（ピエル・パオロ・パゾリーニ監督、一九六四年）

ロケ地はシチリアの村で、キリストの他はほとんど村人が演じています。原題は「マタイ福音書」。エピソードの順番はところどころ違っているし、抜けもあるのですが、イエスの「セリフ」は忠実です。イエスが律法学者たちすなわち体制派の偽善を激しく糾弾するシーンは圧巻。歯切れのよいイタリア語をマシンガンのように浴びせかけています。この体制糾弾こそが、左翼の急進的映像作家パゾリーニの狙っていたことなのでしょう。

『偉大な生涯の物語』（ジョージ・スティーブンス監督、一九六五年）

昔風の敬虔さと映像の見事さが調和したハリウッド・キリスト映画の古典です。マックス・フォン・シドーがキリストを演じていますが、孤高性、柔和さ、神秘性を兼ね備えています。前半のクライマックスが、キリストが死んだ知人のラザロを墓から蘇らせる場面。これでイエスの救世主たることが決定的となり、エルサレム城内にこのグッド・ニュース（福音）が告げられます。後半では最後の晩餐シーンを経て、十字架シーンで最高潮に達し、復活が暗示されて、世の末までの希望が宣言されます。

『ジーザス・クライスト・スーパースター』（ノーマン・ジュイソン監督、一九七三年）

一九七一年初演のブロードウェー・ミュージカルの映画版です。作詞はティム・ライス、作曲はアンドリュー・ロイド・ウェバー。ヒッピー時代を代表する画期的な作品です。弟子たちは神の子ジーザスの意図を理解できず、政治的暴力に向かっていくのですが、そこに危機を読み取った知的なユダが、善意から当局に通報して教団の強制解散を計ります。こうしたユダ像は現代に特有のもので、福音書のユダ像――完全な裏切者――とは無関係です。自殺したユダが最後に甦って「ジーザス・クライスト、あなたはいったい何者ですか？」と歌い、天使の合唱隊が唱和する歌は、名曲として知られています。

『最後の誘惑』（マーティン・スコセッシ監督、一九八八年）

ニコス・カザンザキスの小説『キリスト最後のこころみ』に基づき、イエスを神の声を聞く神経症的な姿に描きます。福音書の内容を大胆に読み替えたもので、イエスは最初は愛を説き、次は戦闘的なモードに入り、最後に十字架上の死が自らの使命だと悟ります。しかし十字架上でマグダラのマリアとの結婚生活の幻覚を見ます。ユダにどやされ幻覚から覚めることで、イエスは神の意図をまっとうすることができました。贖罪のロジックを「神話」の観点から読み替えた作品として、芸術として秀逸なのですが、聖書の内容とは大きく違っているのでご注意。封切り当初、上映反対運動も起きた問題作です。

『ナルニア国物語／第1章：ライオンと魔女』（アンドリュー・アダムソン監督、二〇〇五年）

C・S・ルイスの児童文学『ナルニア国物語』全七巻（一九五〇〜五六年）の最初の巻を実写化したものです。ファンタジーの国ナルニアで、英国の子供たちがライオンのアスランから真理と倫理を学ぶのですが、このアスランはキリストのファンタジー上の姿であることが作中で言及されています。裏切りが最大の罪であることと、神は罪人のために贖罪したこと、また復活したことなど、キリスト教の教理の要点を、一九五〇年代の保守的な雰囲気の中で学ぶことができます。

『風の遺産』（スタンリー・クレイマー監督、一九六〇年）

一九二五年のスコープス裁判（176ページ参照）を描いたドラマです。史実ではテネシー州デイトンでスコープスが裁かれましたが、映画では某州の「ヒルズボロ」で「バートラム・ケイツ」が裁かれています。検察側のブライアンが「ブレディ」に、弁護側のダローが「ドラモンド」に変更されています。内容はドラマティックになっていますが、法廷論争のポイントについては史実が生かされています。なお、「風の遺産」とは旧約聖書の「箴言」の言葉から。家族が争う家は、空しい風しか相続するものが無くなる。国民が無益な進化論論争をしていると、アメリカ国家は衰退するということでしょう。

第3章

聖書が世界を動かしている?

①聖書文化の広がり

ここで再び、聖書とはどんな本であるのか、簡潔にまとめてみましょう。

ユダヤ人にとっての旧約聖書

旧約聖書は「古代イスラエル宗教文学全集」と理解するのがたぶんよろしいでしょう。ユダヤ人のご先祖である**イスラエル人**たちがどんな民族的・宗教的アイデンティティをもっていたかを明らかにしてくれる一代叢書《そうしょ》です。

旧約の冒頭をなす**律法**（モーセ五書）は、民族に団結を促す神話と戒律の書です。律法の後ろに並べられた様々な書の中では、**預言者**たちが神懸かりになって民衆を叱ったり激励したりします。

古代のどんな民族も存亡を繰り返していましたし、イスラエル人ばかりがことさらに苦難にさいなまれていたわけではありません。しかし、イスラエル人たちは自分たちの苦難を人類史上の一大事のように思い描いたのでした。この強烈な自意識があるからこそ、旧約聖書は古典の地位を獲得できたと言えるでしょう。

ともあれ、イスラエル人たちの見取り図によれば、この世とは神と人間との対話の空間です。神が理想を示す。人間はそれが守れない。人間は苦難に陥り、神が救いの道を示す。気宇壮大なドラマです。

神という概念には矛盾があるし、御伽噺めいたところもあったりして、合理的な現代人には信じがたいような話なのですが、イスラエル人の設定した「人間に倫理的な反省を迫る」という神の基本的な性格は、古代的あるいは民族的な伝統の枠を超えて、後世の多くの人々の倫理的思索にインスピレーションを与えることになりました。

クリスチャンにとっての聖書

すでに述べたように、キリスト教徒は**旧約聖書**をキリストの到来を予見する書だと位置づけました。キリスト到来それ自体を書き記した教典が**新約聖書**です。

この視点からは、旧約は人類史の前半における神と人間の関係を記した書、新約は人類史の後半における神と人間の関係を記した書だということになります。

つまり神はまずイスラエル人をサンプルに選んで律法という戒律を与えてみたのだが、彼ら**選民**にしてからが神の道を外れがちであった（人類史の前半）。そこで神は自ら目に見える神**キリスト**として現われて人類の罪を清算し、律法遵守という課題の代わりに「キリストに忠節を尽くし、キリストにならう」という新たな課題を人類に与えた（人類史の後半）。――おおよそこのような流れで、旧約聖書から新約聖書までの諸々の文書が読み解かれることになりました。

啓示の大河ドラマ

というわけで、少なくとも信者の立場からすれば、聖書というのは——ユダヤ教徒にとってもキリスト教徒にとっても——宇宙を支配する絶対神と自分自身との倫理的な対話の書であるということになります。

どちらの宗教でも、天地創造の絶対神は、聖書に書かれた「歴史」的な出来事を通じて、人間に啓示を与えています（「歴史」とカギカッコをつけたのは、実際には半分神話が混じっているからです）。

アダムとエバの失楽園、ノアの洪水、族長アブラハム、モーセと出エジプト、ダビデ王、バビロニア捕囚、預言者の預言、キリストの十字架、キリストの使徒たちの活躍、やがて来る世界の終末の予告……こういう歴史的順序に沿って、神は自らを啓示してきたのであると。

聖書の面白みは、全体が一つの壮大な大河ドラマを構成している点にもあります。紆余曲折に満ちた長い長い物語の中で、人類は様々な課題に取り組んできたし、倫理的な成長もあれば、相も変わらぬ失敗もある。神様自身が時代とともに異なる相貌を見せるようになっていった……。

そういう意味では、神の成長の物語とでも言えるような側面もあると言えます。

近代以降の「キリスト教文化圏」の拡大

153ページの地図をご覧ください。これは現在の大宗教（キリスト教、イスラム教、ヒンドゥー教、仏教）の広がりを大雑把に描いたものです。

Aが**キリスト教**、Bが**イスラム教**、Cが**ヒンドゥー教**、Dが**仏教**です。もちろんキリスト教に塗られている地域にも仏教徒がいたりしますし、仏教圏とされている所にもイスラム教徒がいたりします。アフリカ南部はキリスト教に塗られて

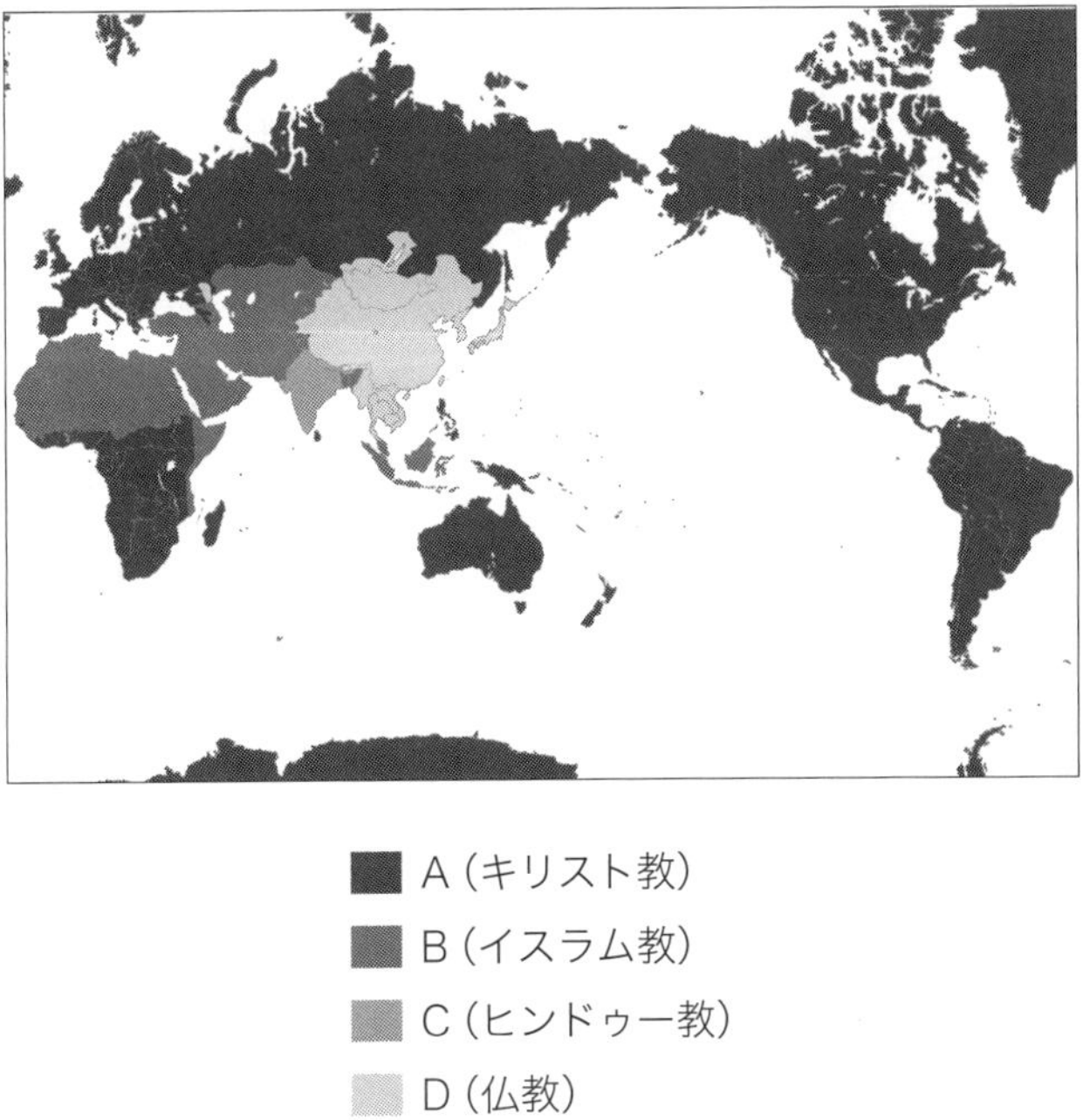
A（キリスト教）
B（イスラム教）
C（ヒンドゥー教）
D（仏教）

いますが、もともとの土着の宗教も祖先祭祀なども広く行なわれています。しかしキリスト教の宣教師がどんどん入り込んでいるので、キリスト教の影響力が強くなっているのです。

地図をざっと見て分かるように、キリスト教圏が世界を包囲しています。キリスト教がすばらしい教えだから自然に広がった——と信者さんはお思いでしょうが、実際の経緯はもっと複雑であり、はるかに**政治的**です。というのは、近代になって、西洋人が世界の**植民地支配**に手を染め、支配者の宗教としてキリスト教が広まっていったという側面があることは否めないからです。

西洋が優位にたった背景として軍事力の働きが大きかったわけですが、西洋の優位には**偶然的な要因**もあります。たとえば新大陸では、西洋人が持ち込んだ病原菌のせいで、先住民の人口が激減しました。先住民文化が根こそぎ壊れてしまったところに、新たに（植民者とともに）キリスト教が広がっていったわけです。こんなふうにして西洋文化圏は新大陸をほとんど偶発的に併呑してしまいました。

まあ、歴史というのは残酷なものです。愛の教えの勝利の物語の背後には、多くの血の歴史が隠されている。いや、もちろん、古代や中世においては、どこの民族も今からは考えられないほど残虐でしたから、クリスチャンばかりが軍事的にひどいことをやったわけではありません。どっちもどっちというところが大きいのですが、いずれにせよ、フットワークと軍事力や政治力において西洋人は世界を圧倒しました。

西洋の優位には、ルネサンス以降の**科学**の発展によるところもあります。この合理的思考の発達には、ある程度、聖書の「神」の概念がプラスに作用しました。と言いますのは、聖書の神は非常に排他的なところをもっており、地上のあらゆる神々や霊や魑魅魍魎の類を追い払ってしまうパワーをもっておりました。一般民衆はいつでも迷信的な世界に生きており、異教的な信仰も残存しましたが、理論的には、この世界はすべて**絶対神の設計**によって成り立っているはずです。

ですから、哲学者や科学者は、その神が自然界に仕組んだからくりの総体を統一的な理論をもって明らかにできるはずです。ニュートンなどが物理法則を探求した背景には、こうした宗教的な情熱がありました。

この点、インドや中国や日本などの多神教徒は、たとえ科学的な思弁や調査に手を染めたときでも、理論的には今一つ中途半端にしか進めなかったように見えます。世界中には無数の神秘的な力が働いているという呪術的世界観がずるずると存続したのです。また、西洋と同じく一神教を奉戴していても、イスラム世界では神の絶対性が科学法則を凌駕すると思われたためか、西洋ほどには科学を発展させることができませんでした。

というわけで、科学史においてキリスト教的西洋が圧倒的な成果を上げたわけですが、ただし、ここでもう一つ考慮に入れておかなければならないことがあります。

西洋人が科学を大々的に推し進めることになった近代というのは、もはやキリスト教会が絶対的権威をもっていた中世ではありません。近代ではルネサンス以降称揚されるようになった古代ギリシャ・ローマ時代の文化的遺産がものを言っています。

古代ギリシャの多神教徒は競争するのが大好きでしたが、そうした競争の中には議論で相手を打ち負かすというのも含まれていました。彼らは哲学と科学を発達させ、すでに紀元前の段階で地球が丸いということを理論的に推理し、天文学と幾何学を応用して地球の大きさまで計測しています。

このことを考えると、科学の発展を単純に一神教の神概念のおかげと呼ぶわけにはいかないということになります。知性の歴史はもっと複雑なんですね。

「東洋」文化と聖書文化

先ほど掲げた地図上で、ヒンドゥー教と仏教に塗り分けている地域（CとD）

は、「一神教以外」ということになります。古代から発達した「**多神教**」がメインの地域です。仏教圏では儒教や道教や神道なども行なわれています。

この地域は面積的には狭いのですが、湿潤なモンスーン地帯だということもあって人口密度は高いです。一神教の民がフットワークが軽いのに対して、このアジア地域の民は土地にしがみついて「**内向的**」に暮らしておりました。そしてこの地域の宗教も、そういう「内向性」に沿うような内容をもっています。

この地域にはヒンドゥー教や仏教を通じて、**瞑想修行**の伝統が広がっています。一神教の絶対神のようなものを奉ずるのではなく、宇宙や自然の中に内蔵された法則のようなものに従うという青写真のもとで、精神修養するのです。少なくともエリートはそのような人生観をもっていました。一般民衆はそれよりも地元の神々に願をかけて暮らしていたと思われますが、理想としてはエリートの示す悟りや解脱のようなものにあやかりたいと思っていました。

そういった次第で、世界は西方に大きく広がる一神教文明（その根にあるのは聖書）と、東方にかなりの人口を抱えている多神教と悟りの文明とに、なんとなく分かれているわけです。

東洋の多神教地域にもキリスト教徒が布教伝道しましたので、インド人も中国人も日本人もとりあえず聖書というものがあるという知識はもっています。ただ、キリスト教に改宗した人以外は、聖書の中身についてはあまりよく知りません。それでも、威信ある西洋文化の教養的知識として、アダムとエバの神話やノアの洪水のこと、イエスが救世主と呼ばれていること、最後の審判や天国・地獄のことを聞き知っている人は――とくに知識層に――多いでしょう。

ともあれ、聖書が国際的な基本的教養文献であることは、概ね間違いありません。壮大な宗教的世界観を包含しており、宗教的想像力の一大アーカイブスになっているというのが第一の理由、今日の社会システムの基本を構築した欧米文化の基本的教養であるというのが第二の理由、そしてその欧米文化がかつて植民地支配を通じてキリスト教を半ば強引に世界中に広めてしまったというのが第三の理由です。

宗教的世界観というものが果たして未来永劫意味のあるものなのか、それともそれは過ぎ去りつつある過去の文化システムであるのか、そこのところはかなり微妙です。しかし信仰の時代が去ったとしても、聖書はやはり重要な文献であり続けるでしょう。

②宗教史の流れ――聖書以前から近現代まで

ここであらためて、原始以来の人類史の流れの中に、聖書宗教を位置づけてみたいと思います。

聖書の「創世記」に天地創造が書かれているからといって、宇宙の始まりから聖書があったわけではありません。アダムもエバも架空の人物です。イスラエル人がヤハウェを民族の神としたのは今から三千年ほど前の出来事であり、そのヤハウェが天地創造の神と認識されるようになったのはすでに書いたように紀元前六世紀頃、つまり今から二千五百年とちょっと前のことです。

しかし人類史は数十万年前からあります。太古には人々はどのような宗教をもち、どのようなカミサマを信じていたのでしょうか？

アニミズムと多神教

農業が始まったのは一万年ほど前だとされています。数千年かけて農業は各地に広まりましたが、それよりも昔、人類はどこでも獣や魚を獲ったり、木の実を採集したりして暮らしていました。それが二十万年あるいはそれ以上の期間続きました。

この長い期間にわたって、人類ははっきり「神」と言えるような存在への信仰は持っていなかったと思われます。むしろもっと曖昧な、自然の呪力や、「**霊**」のようなものを信仰していた可能性が高いでしょう。動物や自然物の背後に働く、目に見えない生命力のようなものです。死者もまた「霊」的なものとなっていると思われたかもしれません。死者を埋葬する習慣は古くからあるので、そうじゃないかと想像されるわけです。

　自然界の精霊や死者の霊の働きを感じながら暮らす文化を、**アニミズム**と呼びます。アニマとはラテン語で「霊」「魂」のことです。

　やがて人間は種をまき、収穫するようになりました。森林を焼いたり、水路を引いたりして自然をコントロールするようになって、人類は動植物に対する優越意識を高めたようです。漠然とした霊よりも生きた人間に似た「**神**」と呼ぶべき存在が叙事詩に語られるようになります。社会は格差化が進み、富裕な者や豪族が幅をきかすようになったのですが、こうした豪傑や王者の姿を天界に投影した、**目に見えない専制的**な**神々**の加護を求めて、人類は盛んに**生贄**などを捧げるようになりました。

村ごと、部族ごと、地域ごとにそれぞれ因縁のある個性的な神々が拝まれました。病気治しから豊穣祈願、戦勝祈願まで人間は色々なことを神に頼み、願望の種類だけ神々の個性も多様化しました。こうした**多神教**の神々は、民族ごと、地域ごとに様々です。**メソポタミア**（現在のイラク）にはバビロニアやアッシリアの神々（軍神マルドゥクとか豊穣神イナンナとか）がおり、**エジプト**にはエジプト神話の神々（太陽神ラーや冥界神オシリス）、**ギリシャ**にはギリシャ神話の神々（雷霆神ゼウス、豊穣神デーメーテル、海神ポセイドーン……）がおりました。

一神教の登場

人類の想像力は次第に発達していき、人生や社会に干渉する神霊的なパワーに関しても、全宇宙、全人類を支配下におさめるような強大なものが求められるようになるのは、ある意味で必然の成り行きです。

一神教の神は、人間の思いつくあらゆる「強さ」「善さ」「機能」「効果」が投影された理想の存在です。あらゆる人間の行動を天空から監視し、あらゆる人間の祈りを聞き、あらゆる機会に奇跡を起こすことができます。**唯一**であり、**創造者**であり、**全知全能**であり、**絶対善**である……。

実に大それたイメージですが、様々な民族の哲学者や預言者がこれに類するものを思いつきました。ペルシャではザラスシュトラ（**ゾロアスター**）という神官がペルシャの多神教の神々を整理して、アフラ・マズダーが絶対なる世界神だと主張しました。エジプトではある王様がアテンという太陽神を唯一神のように拝みました。

しかし、知識人や権力者が観念的に思いついただけでは、新しい神の概念が自然に人々に広まるというわけにはいきませんでした。アフラ・マズダー以外のペルシャの神もあとあとまで信仰されましたし、エジプトの太陽神一神教は王一代で潰えました。

イスラエル人は太古の多神教時代にあってもヤハウェを排他的に拝むという習慣を受け入れていたので、その**ヤハウェ**が前六世紀頃に唯一神に格上げされたとき、一神教を民衆レベルで堅持する用意が整っていたと言えます。結局、後世に広まったのは、社会全体を倫理的に組織した、このイスラエル由来のヤハウェ一神教だけだったのです。旧約時代に完成したこのシステムは、今日の**ユダヤ教**、**キリスト教**、**イスラム教**という三つの一神教の土台となりました。

一神教内部の矛盾と複雑性

多神教よりも強大な神概念を抱くようになった一神教ですが、しかしこの神概念にも難点があります。

すでに序章でも触れたことですが、その最たるものは、この世に自然に存在する**悪**をうまく説明できないということです。たとえば自然災害があります。あるいは戦争や犯罪に巻き込まれてひどい目にあったり死んだりする災厄があります。こうした悪を放ったらかしにしている神は、悪意があると思われてもしかたありません。

悪いのは**悪魔**のせいであって神のせいではないのだとすると、神の全知全能性が怪しくなります。神と悪魔が互角に戦うというのであれば、それは一神教ではなく、神と悪魔の二神教（**善悪二元論**）です。

ヤハウェ信仰においても、**天使と悪魔**の二元論的な戦いの神話が次第に発達していきました。今日に至るまで、一神教信仰は、神の一元論と神あるいは天使と悪魔の二元論の間を行ったり来たりしています。

また、一神教は単に「絶対存在」という抽象的なものを拝んでいるわけではなく、旧約聖書や新約聖書やコーランに語られた無数のエピソードによって**具体的**

性格を与えられた神様を拝んでいます。そうした具体性の中には、他の民族ではなく敢えてイスラエル民族を選民として選んだとか、他の民族の殺戮を許したとか、カニやタコを食べてはいけないと言ったとか、処女マリアに一人息子を生ませたとか、不合理だったり非倫理的だったり御伽噺的だったりする要素がたくさんあります。こういう「不純な」具体性と、全知全能のような抽象的な絶対性との間には**かなりの隔たり**があります。

そういう意味では、一神教の神もまた、たくさんの具体的性格をもつ多神教の神――たとえばヘラという女神を妃としギリシャ北部のオリュンポスの山の上に住むというギリシャ神話の最高神ゼウスなど――と似たような存在に事実上なっています。一神教と多神教の差は**程度の差**でしかなく、絶対的なものではないとも言えます。

さらに、世界観の中に明らかに**多神教的な要素**を含んでいる伝統もあります。どの一神教も複数の**天使**の存在を認めていますが、これなどはアニミズム的でしょう。正教やカトリックでは数々の**守護聖人**を認定していますが、彼らは実質的に多神教の神のような存在です。さらに、キリストが**犠牲**になって贖罪したというような神学は、はるか原始時代から続く動物の生贄によって神と取引するという供犠の呪術を基盤としています。

聖書の世界、あるいは一神教の世界は、こうした太古からのアニミズムや多神教の伝統の上に成り立っていることに留意すべきです。

多神教文明をどう評価するか？

一神教の信者はしばしば多神教は遅れた宗教だと考えています。インドから東の大宗教は基本的に多神教型ですが、それらはみなレベルが低い宗教なのだと。

これについて言えば、**インド**や**中国**の多神教徒は彼らなりに高度な哲学を発達させているということを指摘しておく必要があります。ヒンドゥー教や仏教では

ダルマ（法）などと呼ばれる普遍的原理を追求しましたし、儒教や道教でも究極の原理を**太極**などと呼んでいます。これら「東洋思想」の世界では、法、**梵（ブラフマン）**、**天**、**道（タオ）**、神道の**ムスヒ（産霊）**といった抽象概念も様々に発達しています。

キリスト教神学に吸収された**ギリシャ哲学**もまた、古代ギリシャの多神教の中から生まれたものでした。キリスト教神学の発展を促したのはユダヤ的な伝統以上にギリシャ系の哲学の伝統であったと見ることもできます。

東洋宗教と一神教の違いとして、むしろ重要なのは、社会に対する姿勢の違いかもしれません。一神教は、ユダヤ教が奴隷状態のイスラエル人の救済のモチーフから始まっているためもあって、**社会的平等**をめざそうという意識が高く、**隣人愛**や**チャリティ**の実践活動にも積極的だという美質をもっています。そのかわりに愛の押し売りのような押しつけがましさも豊富にもっていますけれども。

インドから東の宗教は概して内向的であり、社会の改善のために運動を起こすということはあまりやりません。押しつけがましさは少なかったかもしれないけれど、身分差別などの是正には**消極的**だったとは言えると思います。

近代化以降の宗教の後退

一神教であれ、東洋的多神教であれ、奇跡信仰のような**迷信**や非科学を多々含んでいるのが現実です。本章の③で見ていくキリスト教ファンダメンタリズムなどはかなり不合理で、反知性的です。東洋の方にも、ヒンドゥー教と結合したカースト的身分差別とか、中国や日本の宗教が培ってきた上位者に論理的にたてつかない姿勢とか、やはり不合理性が目立ちます。聖書の終末と審判の神話も、仏教の輪廻神話もかなり御伽噺的です。

興味深いのは、近代以降、西洋の聖書文化の中から**宗教そのものを乗り越える**ような動きが芽生えてきたことです。つまり、(すでに①で見てきたように)近代になって**科学**がどんどん発展し、伝統的な世界観がどんどん壊されていきます。それと**資本主義**とが結びつき、やがて一八世紀の**産業革命**をもたらします。他方、近代初期のカトリックとプロテスタントとの熾烈な戦争によって宗教を公共的討論の表に出すことが嫌われるようになり、社会は宗教よりも**近代国民国家の法制度**を基準に動くようになりました。

キリスト教内部のロジックとしては、こうした「近代化」は絶対神の思想の新たな展開ということになります。つまり神をいっそう純粋な超越者として捉えるようになり、従来、神と結びついていた数々の迷信や慣行を廃して、科学を刷新し社会を合理化していくことが、信仰の純化と考えられるようになったのだと。

神の超越を様々な形で語る伝統的蓄積をもつ聖書文明には、このように「**自らイノベーションする力**」があるというふうに考えることができます。

しかし見方を変えると、近代化のイノベーションとは要するに神様が実質的に**希薄化**したということです。

超越した神様はあれこれ具体的に口出ししなくなっていった。人間は自分たちだけで自立して社会の運営や政治や経済を営むようになり、聖書や教会の教えを象徴的にしか受け取らなくなったわけです。

モダニズムによって中世とは様変わりした今日の欧米社会を古来の「聖書文明」の圏内にあるものと捉えるか、むしろ「**ポスト聖書文明**」と捉えるかは、立場によって異なります。ひょっとしたらどちらも同じことなのかもしれません。

③ファンダメンタリズム——聖書を無謬と信じたい人々

教典の威厳

聖書は——コーランや仏典や論語も——伝統的に強力な権威を帯びた書物でした。文書に対する信仰というのは、もちろん**文字文明**が生み出したロジックです。

慣習法よりも成文法のほうが内容が明確であることは確かであり、文字に書かれたものが威信をもつのは十分理解できます。

とくに神の降した啓示だとの建前で守られた**一神教の教典**は、泣く子も黙る超絶的なものでした。これに比べたとき**仏典**は基本的に修行のマニュアルのような性格をもち、宗派によって多様な経典――般若経とか法華経とか華厳経とか無量寿経とか大日経――のどれを重んじるかが違っていたこともあって、相対的に教典信仰のボルテージは低かったと言えます。「南無妙法蓮華経（私は妙法蓮華経＝法華経に帰依します）」と唱える日蓮宗は法華経ファンダメンタリズムのような性格がありますが、その場合でも、平信徒が法華経を根掘り葉掘り読み返すということはあまりないようです。

さて、今「**ファンダメンタリズム**」という言葉を用いましたが、これは「教典や教理の解釈に融通がきかない立場」を指す通称となっています。「原理主義」と訳されていますが、本来はキリスト教プロテスタントの一部の保守的動向に対するあだ名であり、その場合には「**根本主義**」と訳すのが慣例です。

本節では、このキリスト教ファンダメンタリズム（根本主義）の簡単な歴史と主張を眺めてみたいと思います。

アメリカ史の中のファンダメンタリズム

キリスト教根本主義者が生まれたのは二〇世紀初頭の米国においてです。この時期は二一世紀初頭の現代に似ており、技術革新による社会の変化が激しく、格差化も進み、恐慌や世界大戦など世界の終末を思わせる要素が満ちている時代でした。

この時代は科学が躍進した時代ですから、大学出の牧師や神学者もまた、自然科学や聖書の歴史学的分析などを受容して、信仰を「リベラル（自由）」化していきました。聖書の一語一語を文字通りに読まなくてもＯＫとするようになったのです。

こういう傾向を宗教の軟弱化、まことの信仰への裏切りと感じた保守派の宗教者たちが、キリスト信仰に「不可欠な」保守的な**根本信条**《ファンダメンタルズ》を掲げるようになりました。根本信条には、神が天地と生物と人類を六日間で創造したこと、キリストが処女マリアから神の子として生まれたこと、またキリストが奇跡を行ない、十字架上に死んで字義通りに復活したこと、キリストはやがて再臨して世界に審判をもたらすことなどが含まれます。要するに聖書に書いてあることは一言一句間違いがないというのです。

実際のところ、こうした条項はキリスト教会が二千年間にわたって奉じてきたことですから、ファンダメンタリストの言っていることに特別な要素はないのですが、問題は、二〇世紀にもなって天地創造や処女懐胎や復活などの神話を「文字通り」に受け取るのは、さすがに苦しくなってきたということです。

スコープス裁判

ファンダメンタリストを有名にしたのは、一九二五年の「**スコープス裁判**」です。「モンキー裁判」とも呼ばれます。これはある州の州法が生物進化論を公立校で教えてはならないとしたのに対して、ある教師が敢えて教え、裁判で有罪になったという事件です。

米国の中南部にあるテネシー州は、州法で公立校での進化論教育を禁じました。アメリカ市民自由連合（ACLU）という団体が、この州法の違憲性をはっきりさせるための作戦として、州内のある町の高校教師ジョン・スコープスと手を組みました。

進化論を生徒に教えたスコープスをめぐって裁判が始まりました。ローカルなこの騒動が全国レベルで注目されたのは、当時の著名な活動家や政治家が検察側と弁護側の両方に立ったからです。裁判の様子は近来の発明であるラジオによって全国中継されたので、米国人の記憶に残る裁判となったわけです。

スコープスが州法に違反していたことははっきりしているので、裁判の結論——有罪——そのものはとくに注目を浴びませんでした。むしろ反響を呼んだのは、法廷の場で両陣営の論客が、聖書の記述がまともかどうかをめぐって論争したことです。この点では、聖書の擁護者のほうが分が悪かったのでした。

検察側代表の**ウィリアム・ジェニングス・ブライアン**（民主党の三回の大統領候補者で婦人参政権成立の立役者）は、天地創造の記述を含めて聖書の一切の記述を字義通りに受け取るべきだとの立場を主張しました。これに対して、被告弁護人**クラレンス・ダロー**（ACLUメンバー）は、聖書の字義通りの解釈が無理であることを主張しました。

ダローは次のように言ってブライアンに詰め寄りました。すなわち、聖書の記述には意味不明の箇所があるだろう。たとえば天地創造の四日目に太陽が創造されているが、それまで三日間、どうやって日を数えたのか？

ブライアンは、天地創造の記述における、朝が来て夕が来て一日たったという文言は、今日言うところの「一日」について言っているのではなく、ある単位時間が過ぎたということなのだと言いました。

しかしこのように解釈して読むとなると、字義通りの読みとは言えなくなります。要するに、ブライアンなどのファンダメンタリストもまた、なんだかんだといって聖書を自己流に解釈して読んでいるのです。となると、他の者にもそれなりの解釈の権利があることを認めなければならなくなるでしょう。

法廷論争がこのような展開になったので、傍聴していた大勢のファンダメンタリストたちは驚き、憤慨しました。彼らは裁判に勝ったものの、論争では負けたのでした。

活発化するファンダメンタリスト

米国の**バイブルベルト**と呼ばれる南部の小都市や農場などで暮らす昔気質の人たちは、みな素朴に聖書を信じているので、今も昔もファンダメンタリストになる傾向があります。

なお、ニュースでよく耳にする**福音派**（エヴァンジェリカル）というのは、強い回心体験を強調し、布教伝道にいそしむプロテスタント系教会のことですが、彼らの多くは聖書を文字通りに読もうとしますから、大雑把に《福音派≒ファンダメンタリスト》と考えて差し支えないでしょう。

ファンダメンタリストはやがて淘汰されるだろうとエリート知識人たちは思っていましたが、福音派など宗教的保守勢力は二〇世紀後半に俄然パワフルになりました。テレビ番組をもつスター性のある牧師（**テレヴァンジェリスト**）も輩出し、寄付金を募ればがっぽり集まるので、各地に巨大な教会堂を建てるようになったのです。

福音派の増殖現象には、一九六〇・七〇年代のベトナム反戦時代の若者たちが推進した反伝統主義的な「**カウンターカルチャー**（対抗文化）」に対する再カウンターという性格もあると思われます。

カウンターカルチャー世代とは戦後のベビーブーマーで、日本で言えば団塊に当たります。彼らは反戦、反人種差別といった大義を掲げて政府と戦い、文化的には長髪にしてロック音楽やドラッグにふけり、宗教的には禅やヨーガや道教などの東洋宗教、アメリカ先住民宗教、キリスト教以前の異教などにシンパシーを寄せました（今日そうした宗教は**ニューエイジ**と総称されています）。

この手の異教的な文化やそれを許容する主流文化とは距離を置き、偉大なる「キリスト教国家アメリカ」を復活させたいと切に願っているのが福音派ないしファンダメンタリストというわけです。

ファンダメンタリストは、聖書に還れをモットーとするだけでなく、種々の保守・復古調の主張を掲げます。学校教育は聖書の精神に基づいて行なわれるべきである。妊娠中絶や同性愛は神を恐れぬ罪悪であり、異教の信仰はもっての他である……。

そして、彼らの特徴的な指標となっているのが、**生物進化論に対する敵意**です。

生物進化論に対する誤解

ファンダメンタリストがチャールズ・ダーウィンの生物進化論に反対する直接的な理由は、それが**聖書の「創世記」の記述に合っていないから**です。

しかし、背景にはもっと深い理由があります。

保守的な信者の間に進化論への敵意をもたらしている要因の一つは、進化論に含まれる適者生存の概念です。これは「弱者は負けて当然」とする**弱肉強食のイデオロギー**の正当化と誤解されやすいものです。ファンダメンタリストが登場した二〇世紀初頭は、人種差別や階級差別を「科学」的に正当化する**俗流進化論**が流行しました。悪名高い優生学もナチスのユダヤ人虐殺もそうした時代的論理から生まれたものです。

さて、二〇世紀の初めには、ファンダメンタリストは科学説をあっさり退けていただけだったのですが、二〇世紀半ばにはこのやり方では説得力がないと見て、むしろ「私たちの聖書に基づく生物の理解もまた科学の説なのである」と主張するようになりました。そして学校の科学の授業では、公平性を期すためと称して、ふつうの生物進化論と、聖書の生物学を並べて示し、生徒に選択の自由を与えるべきだと主張するようになりました。

ファンダメンタリストの反進化論的「科学」では「神」という言葉を使わず「**知的設計者** intelligent designer」という言葉で実質的に聖書の神を指しています。彼らはあれこれ事例を挙げて、通常の進化論の説明には綻びがあると主張するのですが、彼ら自身は代わりの科学的説明の構築を行なうわけではなく、ただ「知的設計者」すなわち神の介入がなければ生物のような複雑なものは生み出されないというドグマを反復するに留まっています。これは「自分たちには説明できない」ということを「神のわざだ」と言い換えただけであり、科学説ではありません。

ファンダメンタリストの反進化論は弱肉強食的な社会に不満をもち保守的な気持ちに傾いている宗教信者にとっての通過儀礼となりました。この説を受け入れることで、聖書への信頼を目に見える形でアピールし、社会の主流派に対してNOを突き付けることができるようになるのです。

本書では生物学的な議論にはタッチしません。知的設計者説が中身のない空虚な議論であることについては、進化生物学の第一人者である**リチャード・ドーキンス**の著作にあたってみてください。分かりやすい説明があります(たとえば『神は妄想である』)。

宗教に詳しい人の間では福音派の動向はよく知られていたのですが、二〇一六年に彼らの支持もあってトランプ氏が米国大統領に当選してから、米国の知的分断の表われとしてこうした宗教の動きが一般のニュースでもクローズアップされ

るようになりました
しかしまあ、格差社会への怨念にはもっともと思われる点があるにしても、反進化論、地球温暖化の否定、中絶反対、反LGBT、ナショナリズムといった論理的に無関係な雑多なものを情緒的に結びつけた上に、それを聖書の権威で絶対化するというのはいかがなものか？　彼らの動向は、多くの人々に宗教への嫌悪感を増大させています。
という次第で、現代の米国では福音派の台頭以上に、**無神論・無宗教**の台頭が注目されるようになってきました。これについては次の節で扱います。

④もはや欧米人は聖書を読まない？

主流教会の威信の低下

③で触れたように、アメリカでは**福音派**や**ファンダメンタリスト**と呼ばれる宗教保守の動向が目立つのですが、人口比でいうとせいぜい二割程度の動向なので、あくまで少数派です。それでも聖書のファンダメンタリスト的読解は部分的にかなりの広がりをもって国民に支持されているとも言われます（たとえばノアの洪水が本当に起きたと思っている米国人がかなりいるようです）。

福音派は少数ながらも熱意があるので、宗教的にも政治的にも存在感があります。たくさんの寄付を集め、各地に巨大教会をつくり、選挙において保守の票固めをし、ロビーを通じて政治に影響力を行使したりします。これに対して、聖書を比較的自由に解釈し、進化論なども認めている**リベラルな主流の教会**は、教会出席率を落とし続けています。

たしかにリベラルな宗教というのには、どこか形容矛盾なところがあり、聖書の文言を文字通り絶対としなくてよく、教会の牧師や司祭のアドバイスにも従わない自由があるのであれば、教会行事への参加そのものが下火になっていくのは当然であるように思われます。教会に行かなくても地獄に墜ちないですみそうですしね。

心の中には宗教的善意や敬虔な気持ちというのがあったとしても、それが教会や儀式や教典で組織された宗教活動と結びつかなくなるのです。

スピリチュアリティとは何か？

そういう教団宗教から離脱する宗教的傾向を指してスピリチュアリティという言い方をするのが、今日では一般的になりつつあります。

スピリチュアリティとはつまり、個人の宗教性のことです。日本語では「霊性」と訳されることが多いですね。近年の欧米では「(私は)レリジャス(宗教的)ではないがスピリチュアル(霊性的)です」と答える人が増えました。宗教教団(教会)は敬遠しているが、宗教的な探求は大事だと思う、くらいの意味です。教会や聖書が教えてきた神の姿は疑わしいと思うが、何か神のようなものを求める求道心は大切にしたい、と。

日本人の多くがアンケートで「私は宗教を信じません」と答える一方で、「宗教心は大事だ」とも答える傾向にあると言われますが、これは宗教組織（教団や教会）は嫌いだが、個人的に心で感じる宗教的な気持ちや敬虔さは大事だというほどの意味合いでしょう。欧米の動向に似ていると言えると思います。

ちなみに、スピリチュアリティと**スピリチュアリズム**は言葉は似ていますが意味は違います。スピリチュアリズムは**心霊主義**と訳され、要するに**降霊術**のようなことをやる呪術的な霊魂信仰のことです。十九世紀〜二〇世紀初頭の欧米では降霊術が流行したことがありますが、それ以来の民間信仰的な流れです。

ニューエイジの系譜

教会離れした一部の欧米人は、聖書宗教以外の様々な宗教や宗教的サブカルチャーを実践してみたり、いくつかのものをハシゴしたりします。そうした宗教的サブカルチャーとしては、日本やインドなどから入った**坐禅**や**ヨーガ**などの瞑想の伝統が人気を集めています。深層心理学と連携している場合もあります。

こうした「東洋宗教」は一九世紀にはすでに欧米の知識人社会に知られていましたが、これが本格的なブームになったのは、ベトナム反戦や黒人差別撤廃の公民権運動が盛んになった一九六〇年代です。③で紹介したように、ベビーブーム世代が**カウンターカルチャー**として禅やヨーガや**道教**や**輪廻信仰**などを生活に取り込むようになりました。そこにはさらに**アメリカ先住民文化**や、古代ヨーロッパの**異教文化**などへの憧憬が加味され、さらには心霊主義、占星術、ユング心理学、UFO信仰など雑多なものが入り込み、全体として**ニューエイジ**と呼ばれる宗教的な流れをつくって今日に及んでいます。

無神論の台頭

さらに、二一世紀になって注目を集めるようになったのが、**無神論**です。英語でatheismと言います。a-は否定を意味し、the-はギリシャ語の「神」theosの語幹、それに-ismがくっついた語です。神（の存在）を否定するという思想ですね。

科学者や知識人の中には昔から無神論を公言する人々がたくさんいたのですが、それでも一般民衆レベルでは、積極的に「私は無神論です」と言うのはためらわれるという状態が続きました。というのは、伝統的に「無神論」↓「神をも畏れぬ」↓「罰当たりで犯罪的な」という連想が強かったんですね。さらにヒットラーやスターリンや毛沢東のイメージと結びつけられることによっても、「無神論」への嫌悪が増大しました。

とくに米国人は伝統的に教会を中心にコミュニティーをつくってきましたから、教会とキリスト教に対する尊崇の念は強く、それだけに無神論者への不信感も強いものでした。

ところが、二一世紀になって、**若い世代**から急速に無神論が受け入れられるようになってきているというのです。欧州のみならず、米国においても。

無神論急成長の原因と考えられるのは、次のようなものです。

①もともと漠然と無宗教化は進んでいたのだが、進化生物学のリチャード・ドーキンスのような一流の科学者や哲学者が**「無神論」の啓蒙書**をたくさん書くようになったので、はっきりと無神論を公言できるようになった

②福音派の反知性的で政治的な活動、オウム真理教のようなカルト集団や過激イスラム主義者のテロ事件、カトリックの司祭による長年の児童虐待という悪習の発覚などが相まって、**宗教に対する嫌悪感**が高まっている

③インターネット、新自由主義、グローバリズムのいずれも、伝統的な共同体を崩し、**個人主義化**を先鋭化させている。宗教は共同体を土台としているので、打撃が大きい

無神論者の論点

科学者や哲学者が主張する無神論の要点はどのようなものでしょうか。

まず、無神論者は**①神概念の有効性を疑います**。伝統的に神の存在証明という哲学的議論があるのですが、それはいずれも失敗していることを彼らは指摘します。存在証明など二次的なものにすぎない、神とはそのように論ずるべき対象ではないという神学の立場に対しても、往生際の悪い言い訳だと考えます。

ましてファンダメンタリストの唱えるような、生物の複雑さは神の仮定なしには説明できないといった通俗説は、科学的にも論理的にも間違いであるとします。

ドーキンスや彼の盟友の哲学者デネットは、進化論に代表される科学的な思考法そのものが、ファンダメンタリズムに限らず、神学的な思考法の有効性を掘り崩したと考えています。

次に無神論者が問題にするのは、**②奇跡や呪術はナンセンスだということ**です。批判の論点は、疑似科学やフェイクニュースや偽史などに対する場合と同じです。

さらに無神論者は、**③聖書やコーランなどの教典を根拠にした道徳的議論は無効である**と主張します。この意見は無神論者ではなくてもかなり多くの人が受け入れています。

宗教の信者はしばしば「神は（あるいは聖書／コーランは）道徳の基盤である」と言います。そこで言う「神」とは良心のお目付け役のような抽象的なものです。しかし、すでに指摘したように、実際に世の中に影響してきたのはそんな抽象的な神ではなく、聖書など教典の中に具体的なエピソードをもって描かれている神なのでした。そしてそうした神は、民族虐殺を命じたり、女性の強姦を許容したり、しょっちゅうとんでもないことを指示しています（紀元前の中東の人間たちの慣行を神の命令として正当化したものだからです）。

そんなわけですから、今日のいかなる超保守の信者たちの中にも、聖書の記述をすべて文字通りに受け取って実践している者など実際には存在しません。信者は**聖書とは別のところで道徳を学び**、その道徳の基準に従って、**聖書を都合よく読んでいる**のです。

このように、聖書は道徳の基盤となっていないばかりでなく、むしろ道徳を掘り崩してさえいます。というのは、しばしば信者はたとえば同性愛への敵意など、自分の偏見に沿う文面に限って聖書をじかに引用して「神の意に反する」と主張するからです。つまり教典は、道徳問題に関して真正面から取り組もうとしない、いい加減な態度の言い訳に使われる傾向があるのです。

そしておまけの論点。

無神論者はまた、「神」や「宗教」と言うとき、**言葉の意味を過剰に広げては**

いけないと言っています。たとえば「神は愛である」「神は自然である」「神はエネルギーである」など、スピリチュアリティ系の人々の言いそうな概念は、単なるレトリックであり、聖書やコーランの神に対する批判的論点を曖昧にしてしまうというのです。

ですから「共産主義は宗教だ」「資本主義は宗教だ」「無神論もまた宗教だ」みたいな言い方も、やはり曖昧だということになります。人間のやっていることは大なり小なり何らかの信念を含んでいますが、そのように十把一絡げに論じることで、伝統宗教やカルトの迷信的な信念を正当化できるわけではないので要注意、ということでしょう

近年の欧米人は聖書を読まない？

クリスチャンならざる日本人は当然聖書に疎いので、聖書の逸話や言葉などが

基本的教養となっている国際舞台において不利だと昔から言われてきました。

とはいえ、その欧米人にしてからが、近頃は**聖書への知識を急速に失くしているる**とも言われます。他ならぬドーキンスが「私よりもっと世代の若い、ここ数十年に学校教育を受けた人々が一般に示す聖書についての無知には、この私でさえ、ちょっとばかりびっくりさせられる」などと書いています（『神は妄想である』、垂水雄二訳、五〇〇ページ）。

となると、本書のようなものを通じて聖書の教養を高めようなどという努力は無駄なのか？　ということにもなるのですが、やはり教養として聖書とキリスト教の知識はもっておいたほうがいいと、私は思います。

教養レベルの聖書の知識は今でも重要です。歴史的に聖書が重要な役割を果たしてきたことは明らかであり、今でもある種の歴史的慣性力が働いているからです。ドーキンスの周辺にいる自然科学者たちの場合はどうか知りませんが、人文系の知識人や文学者、芸術家となると、やはり聖書を含めた古典を今でも有効に活用していると思われます。

ただしそれを信仰と結びつけて捉える必要はもうないし、欧米人が信仰という回路を通じて聖書世界に深くコミットしていると考えるのはもはや非現実的です。

思うに、無神論者の聖書批判を通じて聖書を学ぶというのも、今となっては一つの手ですね。実際、無神論者はしばしば「自分たち**無神論者のほうが信者よりも聖書にしっかり目を通している**」と主張します。たしかにそういうことはあるかもしれません。信奉する者よりも批判する者のほうが周到な眼差しをもっていますから。

なお、無神論はキリスト教やイスラム教などの一神教に対してだけ有効だと考える方もいるかもしれませんが、以上の論点からすると、多神教であれ、悟りをめざす仏教であれ、欧米の無神論者の鋭い追撃から逃れることはできないと思われます。宗教というのは、どのみち不合理な習慣や思考的惰性のデパートのようなものだからです。

何事も論理的に徹底して考えるのが西欧人です。そうした西洋の文脈において生まれた無神論の鮮烈な議論は、結局のところ、日本やアジアの宗教の状況にも大きな影響を与えることになるのではないかと私は睨んでいるのですが、さて、どんなものでしょうか。

⑤聖書の終末観に注目しよう

未来への上昇

聖書には様々なモチーフが潜在していますが、異教徒である日本人が最も注目すべきなのは、**終末**のモチーフだと思います。

キリスト教徒の解釈によれば、世界の時間は次のように流れています。

最初に、神が**天地創造**する。
次に、**律法**の実践が宗教的課題となる（旧約時代）。
次に、**キリストの信仰**へと宗教的課題が変更される（新約時代）。
終末に、神の国が出現し、**審判**に合格した者が入る。

ここで注目すべき点は、すべての物事が未来の一点、ユートピアの実現に向けて配置されているということです。時間はユートピアという頂点に向かって流れます。

こういう時間感覚は、仏教の影響下にある日本人にはあまりないだろうと思われます。

仏教の時間感覚の基本は**輪廻転生**です。個人個人はそれぞれの来世へとバラバラに転生する。善き人生を送った者は好ましい来世を、悪辣な人生を送った者は悪しき来世を得ます　そしてその来世の次にはさらなる来世が待っています。永遠に輪廻は続きますから、世の終末という発想は基本的に意味をなしません。
同様に、個々人の前世にはさらなる前世が、その前にはその前の前世があります。

浄土宗や浄土真宗など浄土信仰系の宗派では、個人が向かう来世を阿弥陀の楽園である**極楽浄土**としています。この極楽もまた輪廻の一環なのですが、多くの人は極楽往生を「人生の上がり」と考えています。そういう意味ではキリスト教の天国に近い。しかしこれは個人的な上がりであり、世界全体がともに上昇して迎える上がりではありません。

日蓮宗では、何度も何度も輪廻転生して、やがて自らのステージを上げて究極の上がり（成仏）を迎えるのを待望します。万人の成仏を保証しているのが日蓮宗の重んじる法華経です。この法華信仰の場合には、「みなが究極の成仏をめざそう」という連帯意識があるので、ちょっと聖書の終末観に似ているかもしれません。

ともあれ、概ね日本人には「未来のユートピアに向かって人類全体で邁進」という上昇感覚、進歩の信念はあまりないのではないかと思います。伝統的にはむしろ、自分も自分の親も自分の先祖も同じように暮らし、自分の子も自分の未来の子孫も同様に暮らすのだろう、という反復的な感覚が根強かったのではないでしょうか。既存の社会的権威に保守的に従おうとする傾向の強い神道などにも未来へ向かう上昇の感覚は基本的にないと思います。

ある意味で、「神を信じるか」とか聖書のあれこれの言葉を知っているかということよりも、「終末的時間感覚をもっているか」ということのほうが、人生観のあり方にとって決定的な意味をもっているように私は思います。

現在の欧米人は必ずしもキリスト教の信仰に基づいて行動していないわけですが、彼らが社会制度を改変して世の中を「改良」することに熱心なのは、やはりどうも聖書ないしキリスト教の思考パターンだと言えるのではないでしょうか。

近代化を推し進めたのも、**人権運動**に熱心なのも、**共産主義**を唱えたり**新自由**

主義を唱えたり、とにかく要求水準を挙げて制度を変更することに躊躇がないその大胆さには、終末待望的な意識が見え隠れしているようにも思われます。

映画『タイタニック』の中の終末

最後に、欧米人の物語が日本人が気恥ずかしくなるほどハッピーエンドを好むということにも終末論が影響しているのかな？　ということを、一例を挙げて説明しましょう。

その一例とは一九九七年公開のあの有名な映画、『**タイタニック**』です。タイタニックの沈没は明らかに悲劇であり、どう描いても悲劇にしかならないのですが、映画としては、一種のハッピーエンド——海底のタイタニックでジャック（レオナルド・ディカプリオ）とローズ（ケイト・ウィンスレット）が結ばれるというシーン——で終わっています。

タイタニックの沈没は個々の乗客の死のドラマでありながら、船という一つの小世界の終わりとして世界の終末のメタファーとなっています。映画では、浸水が進み斜めになった甲板で、神父さん（実在のバイルズ神父）が「**ヨハネの黙示録**」の世界終末のくだりを暗唱しています。「もはや海もない」という言葉が語られますが、これは世界が終わってすべての事物が改変され、海も山も無くなることを意味しています。

そもそも世界の終末とは**天地の再創造**のことです。タイタニックの持ち上がった船尾にある巨大な不気味なスクリューは旧約聖書に出てくる原初の怪物レビヤタンを思わせます。天地創造を反復したものとして**ノアの洪水**の神話もありますが、タイタニックの水難には、当然この洪水のイメージも重なっています。

最後のジャックとローズが結ばれるシーンでは、終末後の死者たちが**復活**しています。復活後の世界には三等客と一等客の区別はありません。みなで二人のキスを祝福します。

ここには、終末とは**「神の国」**の実現であり、貧者・病者そして罪人とそしられた者たちがみな報われる平等な世界の実現だという福音の論理が働いていると思います。

　こんな娯楽恋愛映画のプロットにも聖書のモチーフが生かされており、しかもそれが死、終末、復活、神の国という重要なメッセージを串刺しにしたものであるところが見事だと感じた次第です。伝統の思考パターンというのはこういった形でも現われるものかもしれません。

キリスト教の死後の世界

死後よりも終末？

キリスト教の来世といえば、**天国**と**地獄**。しかし、死後のいつの時点で天国や地獄に行くことになるのかは、今ひとつはっきりしていません。

「**ヨハネの黙示録**」が描く通りであるならば、やがて世界に終末が訪れたとき、死者たちが甦り、キリストによって**最後の審判**が行なわれ、善人は「**新しいエルサレム**（天国）」に行き、悪人は「**火の池**（地獄）」に放り込まれます（↓135ページ）。

では、終末が来るまでの間、死者たちはどのようにしているのでしょうか？　一説によれば墓の中で眠っています。火葬ではなく土葬が普通であったのは、焼いてしまうと甦られなくなりそうだからだとも言われます。

クリスチャンのお墓には「R.I.P.」などと書かれていますが、これはRequiescat

in pace（安らかに眠れ）という意味のラテン語です（Rest in peace という英語としても読めますね）。となるとやはり、死者は終末に起こされるまで眠っているみたいですね。

しかし、１２７ページで見た「**ルカによる福音書**」のエピソードでは、十字架上のキリストは心がけのよい犯罪人のほうに向かって「**あなたは今日私と一緒に楽園にいる**」と保証しています。こちらのビジョンでは、死後にスピーディに裁きがあって天国・地獄行きが決まるかのようです。

「ルカ」の一六章では、金持ちの門前で乞食暮らしをしていた人物が死後にアブラハムの宴席（楽園、天国のイメージ）に行き、金持ちのほうは陰府《よみ》に落ちているという寓話を、こちらもイエス自身が語っています。やはり終末以前にある種の審判があるようです。

煉獄説の発明

もともと**旧約聖書**には死後の刑罰という発想はありませんでした。天国も地獄もなかったのです。死者は漠然たる闇の空間――**陰府**――に送り込まれました（陰府は寂しい世界ですが、地獄ではありません）。

やがて、世の不正義に対する恨みから、社会全体を審《さば》く**終末**が希求されるようになります。他方、個人意識が芽生えるにつれ、終末前の個人の死後の処遇も気になるようになりました。かくして《死後の個別的審判》と《終末の全体的審判》のビジョンが各々増殖するようになります。この二つのビジョンは混乱したまま併存し続けます。

新約聖書の正典から外されたいくつかの文書には、天国や地獄を天使に案内されて旅するといったモチーフで書かれているものがあります。ある書では、終末前にも複数の種類の天国と地獄があることになっています。別の書では、キリストが十字架刑死ののち甦るまでの三日の間に陰府に降下し、そこにいる旧約のキャラクターたち（アダムとエバ、アブラハムなど）を連れて天の楽園にいる大天使ミカエルに引き渡すという物語が説かれています。

死後の処遇は中世の間じゅう曖昧なままでした。死者は陰府で最後の審判待ちをする、死者は色々な空間に留め置かれる、完全な善人と完全な悪人は（最後の審判をすっとばして）直接天国と地獄に行く——こんなふうに、色々なことが説かれていました。

そして**一三世紀**に新たな説が浮上します。「**中途半端な善人かつ悪人**」である大半の人間が赴く空間として、**煉獄**というものが発明されたのです。煉獄で死者は火の試練を受けますが、煉獄の火は地獄の劫火とは異なり、苦しいながらも浄化される喜びがあります。死者たちは煉獄で過ごすうちにすっかり身ぎれいになり、終末において晴れて最後の審判に臨むことになります。おそらくは天国に行くことになるのでしょう。

ダンテの『**神曲**』は「天国篇」「煉獄篇」「地獄篇」の三部から成っています。ダンテの描くところでは、煉獄は、なんと、南半球にある島です！

煉獄説を唱えたのは西方の**カトリック教会**です。**東方正教会**はこの説を採用しませんでした。さらに、一六世紀にカトリック教会から分離した**プロテスタント**も、この説を退けました。聖書に典拠がないし、煉獄をラクにするためと称してカトリック教会は免罪符を売って儲けていたからです。

というわけで、今日、いちおう正式には、プロテスタントは終末の審判および天国あるいは地獄の運命を待つ——そこまでのいきさつについては詮索しない——ということになっており、カトリックでは天国、煉獄、地獄の三分法で考えることになっています。

近現代の死生観

以上、キリスト教の来世観は案外と複雑で、しかも未整理です。「クリスチャンは死んだら天国へ」なんて単純なものじゃないんですね。

近代になると教会の権威が衰えるにつれ、死後の世界についても欧米人は様々な「異教」的な考えをもつようになりました。たとえば一九世紀〜二〇世紀初頭に流行した**心霊主義**では、死者の霊がどこかの霊界にいて生者と交信できると考えられています。心霊写真とか降霊術とか、けっこうまじめに論じられていた時代です。

現代では仏教やヒンドゥー教の影響を受けて（いわゆる**ニューエイジ**）、**輪廻転生**を唱える欧米人も増えています。一九八〇年代には女優のシャーリー・マクレーンが輪廻や神秘体験を語った本がベストセラーになっています。

また、近年、無宗教化、無神論化が進むにつれて、死後は**無になる**、あるいは**自然に帰る**といった主張もごくふつうのものになりました。「私の墓はからっぽなので泣かないでください。私は風になっています」といった内容の詩が世界中で引用されていますが、これは日本では『千の風になって』という歌謡曲としてヒットしました。

死生観については、基層にある宗教の違いを超えて、欧米も日本も似たりよったりになりつつあるようです。

おわりに

聖書にあるキリスト教の祈りを最後に紹介しましょう。「**主の祈り**」と呼ばれています。訳は様々ですが、昔のカトリックの格調高い文語訳を紹介します。

天にましますわれらの父よ、
願わくはみ名の尊まれんことを、
み国の来たらんことを、
み旨の天に行わるるごとく地にも行われんことを。
われらの日用の糧を今日われらに与えたまえ、
われらが人に赦すごとくわれらの罪を赦したまえ、
われらを試みに引きたまわざれ、
われらを悪より救いたまえ。

（アーメン）

意味は「天の父よ、神の名の尊重、神の国の到来、神の意図の実現を希求します。生命の維持、罪の赦し、誘惑のないこと、悪からの救済をお願いします」というものです。

「マタイによる福音書」の六章でイエスが模範的な祈りとして説いているものです。天の父もこれを唱えているイエスもどちらも神とされ、しかも一体とされる（父と子と聖霊の三位一体）というのが摩訶不思議なところであり、キリスト教の思考の面白いところでもあります。

ともあれ、聖書には様々な訳本があり、また時代とともにバージョンも変わっています。この祈りの文句の訳も様々であり、教会ごとにいろんなふうに唱えられています。

聖書の訳として標準的であり、また一般の本での引用にほぼ自動的に使われているのは、**日本聖書協会**の訳です。現在のバージョンは「**聖書協会共同訳**」と呼ばれています。プロテスタントとカトリックで共同で訳しているのです。教会の違いを超えて活動するのをエキュメニズム（教会一致）と言います。本書での聖書の引用も原則としてこの共同訳を用いています。

共同訳の主の祈りは次のようになっています。

天におられる私たちの父よ
御名が聖とされますように。
御国が来ますように。
御心が行われますように
天におけるように地の上にも。
私たちに日ごとの糧を今日お与えください。
私たちの負い目をお赦しください。

私たちも自分に負い目のある人を赦しましたように。
私たちを試みに遭わせず
悪からお救いください。

聖書の原本は、旧約はヘブライ語、新約はギリシャ語で、市販されています。西欧で伝統的に使われてきたラテン訳や、英語圏で有名な「**欽定訳**」と呼ばれる古典的英語聖書も売っております（英語訳も現代では様々にバージョンアップされています）。

コーランはアラビア語原典のみが「コーラン」とされ、訳はすべて注解扱いになるのに対して、聖書の場合は翻訳されてもそれが「聖書」だという認識になるようです。

聖書に関する参考図書としては、**岩波現代文庫**の『**聖書時代史**』が簡潔で便利だと思います（山我哲雄「旧約篇」、佐藤研「新約篇」）。岩波書店刊の旧約聖書翻訳委員会訳『旧約聖書』（Ⅰ〜Ⅳ）、**新約聖書翻訳委員会訳『新約聖書』**には細かい注記があります。

興味深くまた参考になるものとしては、**田川建三訳著『新約聖書　訳と註』**全七巻（全八冊）のものすごい分量の注釈――分量は多いけれども、ざっくばらんな内容で、読んで面白い――を挙げておきましょう。註抜きの全一冊『**新約聖書本文の訳**』という小型の本もあります。ごつごつした訳ですが、必ずしも文章の達人が書いたわけではない新約聖書の原書の素朴な調子を再現したものとなっているようです。

最後になりますが、本書を企画提案されたマイナビ出版の田島孝二さんに謝意を申し述べます。

二〇二二年三月

中村圭志

●著者プロフィール
中村圭志（なかむら・けいし）
1958年、北海道生まれ。東京大学大学院人文科学研究科博士課程満期退学（宗教学・宗教史学）。宗教研究者。翻訳家。昭和女子大学非常勤講師。単著に、『教養としての宗教入門』『聖書、コーラン、仏典』『宗教図像学入門』（ともに中公新書）、『教養として学んでおきたい5大宗教』、『教養として学んでおきたいギリシャ神話』（ともにマイナビ新書）、『24の「神話」からよむ宗教』（日経ビジネス人文庫）、『人は「死後の世界」をどう考えてきたか』（角川書店）ほか多数。

※下記はいずれもパブリックドメイン
21上、59下、83上、121上、136上

マイナビ新書

教養として学んでおきたい聖書

2022年4月30日　初版第1刷発行

著　者　中村圭志
発行者　滝口直樹
発行所　株式会社マイナビ出版
〒101-0003　東京都千代田区一ツ橋2-6-3　一ツ橋ビル2F
TEL 0480-38-6872（注文専用ダイヤル）
TEL 03-3556-2731（販売部）
TEL 03-3556-2735（編集部）
E-Mail pc-books@mynavi.jp（質問用）
URL https://book.mynavi.jp/

装幀　小口翔平＋後藤司（tobufune）
DTP　富宗治
印刷・製本　中央精版印刷株式会社

　ISBN978-4-8399-7776-4
Printed in Japan